Schriften des Vereins für Socialpolitik

Gesellschaft für Wirtschafts- und Sozialwissenschaften

Neue Folge Band 27

SCHRIFTEN
DES VEREINS FÜR SOCIALPOLITIK
Gesellschaft für Wirtschafts- und Sozialwissenschaften
Neue Folge Band 27

Optimales Wachstum und Optimale Standortverteilung

VERLAG VON DUNCKER & HUMBLOT
BERLIN 1962

Optimales Wachstum und Optimale Standortverteilung

Von

Rudolf Henn

Gottfried Bombach

Edwin von Böventer

Herausgegeben von Prof. Dr. Dr. h. c. Erich Schneider

VERLAG VON DUNCKER & HUMBLOT

BERLIN 1962

Gedruckt 1962 bei Berliner Buchdruckerei Union GmbH., Berlin SW 61
Printed in Germany

Vorwort

Die in diesem Band veröffentlichen Arbeiten von Professor Dr. *Rudolf Henn* (St. Gallen) „Expansionsmodelle vom v. Neumannschen Typ", Professor Dr. *Gottfried Bombach* (Basel) „Optimales Wachstum und Gleichgewichtswachstum" (mit einem Anhang von Dr. *Christian von Weizsäcker* „Das Investitionsoptimum in einer wachsenden Wirtschaft") und Dr. *Edwin von Böventer* (Münster) „Die Struktur der Landschaft. Versuch einer Synthese der Modelle von Thünen, Christaller und Lösch" haben dem Theoretischen Ausschuß des Vereins für Socialpolitik in seinen Sitzungen in den Jahren 1960 und 1961 als Diskussionsgrundlage vorgelegen.

Sie stellen wesentliche Beiträge zur Wachstums- und Standorttheorie dar.

Kiel, im Juli 1962

Erich Schneider

Inhaltsverzeichnis

Expansionsmodelle vom v. Neumannschen Typ

Von Rudolf Henn

1. Einleitung

Die im folgenden zu betrachtenden Modelle befassen sich mit gleichgewichtigen Expansionen von Volkswirtschaften unter der Voraussetzung vollständiger Konkurrenz. Die Behandlung dieser Art von Wachstumsmodellen geht auf eine Arbeit von *v. Neumann* zurück, über die er 1932 in Princeton berichtete[1]. Er betrachtet die Wachstumssituation, die eine abgeschlossene Wirtschaft mit vollständiger Konkurrenz langfristig erreichen würde, wenn die Technologie und das Verhalten der Wirtschaftssubjekte unverändert blieben. Beim Vergleich solcher Gleichgewichtssituationen mit der wirtschaftlichen Wirklichkeit muß man ihrem asymptotischen Charakter Rechnung tragen. Das Modell erklärt, welche Prozesse im Gleichgewicht durchgeführt werden und welche Güter frei sind. Bei den gemachten Annahmen gibt es eine eindeutige gleichgewichtige Wachstumsrate; sie stimmt mit der Zinsrate überein. Dies ist nicht verwunderlich, denn es wird angenommen, daß die Versorgung mit Subsistenzmitteln in Höhe des Existenzminimums erfolgt und die gesamte übrige Erzeugung zur Weiterführung der Wirtschaft zur Verfügung steht. Die gleichgewichtige Wachstumsrate ergibt sich daher auch als die technologisch maximale. Das duale Ergebnis hierzu ist, daß die gleichgewichtige Zinsrate die minimale ist, für die es noch ein profitloses Preissystem gibt.

Obwohl der v. Neumannsche Ansatz gegenüber den späteren Wachstumsmodellen wie etwa denen von *Harrod, Domar, Hicks*[2] eine gute Approximation bedeutet, hat die Wachstumstheorie zunächst eine an-

---

[1] Erschienen in „Ergebnisse eines mathematischen Kolloquiums" (Herausg. K. *Menger*), Heft 8, Leipzig und Wien 1937, S. 73—83 unter dem Titel: Über ein ökonomisches Gleichungssystem und eine Verallgemeinerung des Brouwerschen Fixpunktsatzes.

[2] Vgl. R. F. *Harrod:* An essay in dynamic theory. Econ. J. 49, 14—33 (1939). — E. D. *Domar:* Capital expansion, rate of growth, and employment. Econometrica 14, 137—147 (1946). — E. D. *Domar:* Expansion and employment. Am. Econ. Rev. 37, 34—55 (1947). — J. R. *Hicks:* Mr. Harrod's dynamic theory. Economia 16, 106—121 (1949). — J. R. *Hicks:* A contribution to the theory of the trade cycle. Oxford 1950. — R. F. *Harrod:* Domar and dynamic economics. Econ. J. 69, 451—464 (1959).

dere Entwicklung eingeschlagen[3]. Eine Ursache hierfür mag darin zu sehen sein, daß von Seiten der Physik schon ein fertiges Instrumentarium zur Beschreibung von Abläufen zur Verfügung stand und die von *v. Neumann* benutzten Hilfsmittel aus der Theorie konvexer polyhedraler Bereiche erst später durch die Spieltheorie und die anderen durch sie induzierten Entwicklungen einem weiteren Kreise zugänglich wurden. Die Benutzung von linearen Ungleichungen bei gewissen wirtschaftlichen Fragestellungen trägt dabei dem Umstand Rechnung, daß eine Anzahl wirtschaftlicher Variablen wie bspw. Quantitäten, Preise, unbenutzte Kapazitäten nicht negativ sein können.

So werden die v. Neumannschen Vorstellungen erst seit Beginn der 50er Jahre diskutiert[4]. Zu nennen sind die Arbeiten von N. *Georgescu-Roegen,* D. *Gale,* J. G. *Kemeny,* O. *Morgenstern,* G. L. *Thompson,* G. *Malinvaud,* M. *Morishima*[5].

Den Modellen vom v. Neumannschen Typ liegen Vorstellungen über den Preismechanismus auf dem Güter- und Kapitalmarkt zugrunde, die auch im Schlesinger-Waldschen Modell eines Produktionsgleichgewichts[6] benutzt werden. Die Technologiekonzeption ist eine Verallgemeinerung der später von *Leontief* in der Input-Output-Analyse verwendeten. *Leontief* identifiziert in seiner Sektorenzerlegung die Verfahrensaggregate mit den Produktaggregaten. In der v. Neumannschen Terminologie bedeutet das eine Identifizierung von Gütern und Pro-

---

[3] Im Gegensatz zu den späteren Wachstumsmodellen ist bei denen vom v. Neumannschen Typ eine weitgehende Disaggregation zugelassen.

[4] Eine Übersetzung der v. Neumannschen Arbeit erschien 1945: A model of general economic equilibrium, Review of Economic Studies 13, 1—9 (1945/46).

[5] Vgl. N. *Georgescu-Roegen:* The aggregate linear production function and its application to v. Neumann's economic model, in T. C. *Koopmans* (Herausg.): Activity analysis of production and allocation. New York, London 1951, S. 98—115. — D. *Gale:* The closed linear model of production, in H. W. *Kuhn,* A.W. *Tucker* (Herausg.): Linear inequalities and related systems. Princeton 1956, S. 285—303. — G. L. *Thompson:* On the solution of a game-theoretic problem, in H. W. *Kuhn,* A. W. *Tucker:* a. a. O., S. 275—284. — J. G. *Kemeny,* O. *Morgenstern,* G. L. *Thompson:* A generalization of the v.Neumann model of an expanding economy. Econometrica 24, 115—135 (1956). — E. *Malinvaud:* Programmes d'expansion et taux d'intérêt. Econometrica 27, 215—227 (1959). — M. *Morishima:* Economic expansion and the interest rate in generalized v. Neumann models. Econometrica 28, 352—363 (1960).

[6] Vgl. K. *Schlesinger:* Über die Produktionsgleichungen der ökonomischen Wertlehre, in K. *Menger* (Herausg.): Ergebnisse eines mathem. Kolloquiums (1933/34), Heft 6. Leipzig und Wien 1935, S. 10—11. — A. *Wald:* Über die eindeutige positive Lösbarkeit der neuen Produktionsgleichungen, in K. *Menger:* Ergebnisse eines mathem. Kolloquiums (1933/34), Heft 6, 1935, S. 12—18. — A. *Wald:* Über die Produktionsgleichungen der ökonomischen Wertlehre (II), in K. *Menger:* Ergebnisse eines mathem. Kolloquiums (1934/35), Heft 7, 1936, S. 1—6. — A. *Wald:* Über einige Gleichungssysteme der mathematischen Ökonomie. Zeitschr. f. Nat. Ök. 7, 637—670 (1936). — E. *Burger:* Einführung in die Theorie der Spiele. Berlin 1959, S. 107 ff.

zessen. Bei den v. Neumannschen Modellen kann ein Gut in mehreren Prozessen erzeugt werden, andererseits ist zugelassen, daß in einem Prozess mehrere Güter entstehen.

Die hier zu besprechenden Arbeiten befassen sich mit stationären Wachstumssituationen, d. h. die Wirtschaft expandiert gleichförmig mit einem konstanten Expansionsfaktor; dieser Expansionsfaktor gilt also für alle Güter und Prozesse.

2. Das v. Neumannsche Modell

a) Die Technologie

Die Zustandsänderungen der Wirtschaft erfolgen durch das Zusammenwirken einzelner Prozesse, unter denen man sich etwa technische Verfahren, Ausbildung von Arbeitskräften, Transporte, die Versorgung mit Subsistenzmitteln vorzustellen hat. In der von *v. Neumann* betrachteten Wirtschaft treten n Güter auf. Diese können durch die Prozesse Umwandlungen erfahren. Bei solchen Umwandlungen ist es zugelassen, daß das Gut G_i mit Hilfe von Gut G_j erzeugt wird und umgekehrt G_j durch G_i[7]. Die Darstellung eines Prozesses erfolgt durch die Quantitäten der eingehenden und ausgehenden Güter; diese Quantitäten beziehen sich auf den Anfang bzw. das Ende von gleichlangen Zeitintervallen. In einem Prozess können sowohl mehrere Güter eingehen als auch ausgehen. Für die Prozesse wird lineare Homogenität angenommen: Ist mit dem i-ten Prozess die Transformation

$$(a_{i1}, a_{i2}, \ldots, a_{in}) \rightarrow (b_{i1}, b_{i2}, \ldots, b_{in})$$

durchführbar, dann sind es auch alle positiven Vielfachen

$$(\lambda a_{i1}, \lambda a_{i2}, \ldots, \lambda a_{in}) \rightarrow (\lambda b_{i1}, \lambda b_{i2}, \ldots, \lambda b_{in}) \quad \lambda > 0;$$

in der ersten Klammer stehen die Inputs, in der zweiten die Outputs der betreffenden Transformation. Der λ-fache Output erfordert also den λ-fachen Input. Die Vielfachheit, mit der ein Prozeß durchgeführt wird, nennt man seine Intensität. Zur Erklärung eines Maßstabes für die Intensität eines Prozesses muß man eine Normierung vornehmen. Dies kann etwa dadurch geschehen, daß man für die Intensität 1 verlangt, ein bestimmtes Gut möge in der Quantitätseinheit als Input (Output) auftreten.

Beispiel: Ein normierter Prozeß sei durch

$$(2, 1, 0) \longrightarrow \left(0, \frac{1}{2}, 4\right)$$

---

[7] Vgl. *v. Neumann:* a. a. O., S.73.

dargestellt. Es werden also 3 Güter betrachtet. Der Input des zweiten Gutes dient zur Normierung. Bei der Intensität λ sind die Inputs 2λ, λ, 0 und die Outputs $0, \frac{\lambda}{2}, 4\lambda$.

Es gibt m Prozesse; in ihnen kommt das technische Wissen der Wirtschaft zum Ausdruck. Sie lassen sich durch zwei (m, n)-Matrizen $A = (a_{ij})$, $B = (b_{ij})$ charakterisieren; a_{ij} ist der Input des j-ten Gutes beim i-ten Prozeß und b_{ij} der Output des j-ten Gutes, falls der Prozeß mit der Intensität 1 durchgeführt wird. Zu einer bestimmten Transformation der Gesamtwirtschaft gehört ein Intensitätensystem $x = (x_1, \ldots, x_m)$ mit $x \geq 0$ und $x \neq 0$. Hierbei ist x_i die Intensität, mit der der i-te Prozeß durchgeführt wird. Bei Anwendung des Intensitätensystems x hat man in den Zeilen xA und xB bzw. die Gesamtinputs und Gesamtoutputs der einzelnen Güter.

Die Spalte $y = (y_1, \ldots, y_n)'$ sei ein Preissystem mit $y \gtrsim 0$ und $y \neq 0$, y_j ist der Preis des j-ten Gutes. In den Spalten Ay und By stehen bzw. die monetären Werte des Inputs und Outputs der einzelnen Prozesse für die Intensität 1. Man hat also beim Intensitätensystem x und beim Preissystem y in xAy den Wert des Gesamtinputs der Wirtschaft und in xBy den Wert des Gesamtoutputs.

v. Neumann macht die Annahme

$$(\mathrm{N}) \quad \begin{array}{l} A + B > 0 \\ (A, B) \geq 0. \end{array}$$

In jeden Prozeß geht also jedes Gut wenigstens als Input oder Output ein. Es sind demnach auch Technologien zugelassen, die in Wirklichkeit nicht auftreten, wie bspw. $A = 0$, $B > 0$ oder $A > 0$, $B = 0$. Andererseits ist (N) nur bei geeigneter Aggregierung der Wirtschaft erfüllt.

Im Unterschied zu *v. Neumann* fordern *Kemeny, Morgenstern, Thompson*[8], daß jedes Gut wenigstens in einem Prozeß als Output auftritt und daß in jedem Prozeß wenigstens ein Gut als Input verwendet wird. In jeder Spalte von B gibt es also wenigstens ein positives Element und in jeder Zeile von A gibt es wenigstens ein positives Element. Die beiden Forderungen sind in der Wirklichkeit erfüllt, besagen sie doch lediglich, daß man alle Güter einer Wirtschaft herstellen kann und daß bei jedem Prozeß Faktoren auftreten müssen.

Bei *Gale*[9] können keine Umwandlungen auftreten mit positivem Output und verschwindendem Input. Die Anzahl der Prozesse muß nicht endlich sein. Die Menge der Transformationen ist lediglich ein abgeschlossener konvexer Ursprungskegel. Weiterhin kann jedes Gut bei

---

[8] Vgl. J. G. *Kemeny*, O. *Morgenstern*, G. L. *Thompson:* a. a.O.
[9] Vgl. D. *Gale:* a. a. O.

wenigstens einer Transformation als Output auftreten. Die Technologie des Modells von *Kemeny, Morgenstern, Thompson* stellt einen Spezialfall dar.

Georgescu-Roegen[10] läßt wie *Gale* eine unendliche Anzahl von Prozessen zu. Die Transformationen bilden ebenfalls einen abgeschlossenen konvexen Ursprungskegel. Der Unterschied zu *Gale* besteht darin, daß bei jeder Transformation[11] jedes Gut wenigstens Input oder Output ist. (N) ist eine hinreichende Bedingung für die Annahme von *Georgescu-Roegen.*

b) Prozeßtypen

In einem *Produktionsprozeß* mögen die Güter $G_1, \ldots, G_r$ hergestellt werden. Die verwendeten Kapitalgüter seien $G_{r+1}, \ldots, G_s$, die Materialien $G_{s+1}, \ldots, G_u$, die Arbeitsqualitäten $G_{u+1}, \ldots, G_w$. Bei den Kapitalgütern und Materialien ist bei dieser Indizierung eine Überschneidung mit den Produkten $G_1, \ldots, G_r$ nicht zugelassen. Der Inputvektor hat die Gestalt

$$(0, \ldots, 0, a_{r+1}, \ldots, a_s, a_{s+1}, \ldots, a_u, a_{u+1}, \ldots, a_w, 0, \ldots, 0),$$

der Outputvektor wird

$$(b_1, \ldots, b_r, b_{r+1}, \ldots, b_s, 0, \ldots, 0, b_{u+1}, \ldots, b_w, 0, \ldots, 0).$$

Die letzten Nullen in beiden Vektoren beziehen sich auf Güter, die weder Inputs noch Outputs des betrachteten Prozesses sind. Für die verwendeten Kapitalgüter gilt

$$a_i \geq b_i > 0 \qquad i = r+1, \ldots, s.$$

Das Gleichheitszeichen auf der linken Seite gilt dabei für solche Kapitalgüter, deren Verschleiß nicht in Rechnung gestellt wird. Die entsprechenden Beziehungen gelten für die verschiedenen Arbeitsqualitäten ($i = u + 1, \ldots, w$).

Bei einem Prozeß *„Ausbildung von Arbeitskräften"* werde unterschieden zwischen Auszubildenden (G_1), Ausgebildeten (G_2), Ausbildern (G_3), Gebrauchslehrmittel ($G_4, \ldots, G_s$) und Verbrauchslehrmittel ($G_{s+1}, \ldots, G_u$). Der Inputvektor ist von der Gestalt

$$(a_1, 0, a_3, a_4, \ldots, a_s, a_{s+1}, \ldots, a_u, 0, \ldots, 0)$$

und der Outputvektor

$$(0, a_2, b_3, b_4, \ldots, b_s, 0, \ldots, 0, 0, \ldots, 0).$$

---

10 Vgl. N. *Georgescu-Roegen:* a. a. O.
11 Mit Ausnahme des Ursprungs $(0, \ldots, 0)$.

In entsprechender Weise lassen sich andere Prozesse wie Konsum, Transport (Güter an verschiedenen Orten müssen unterschieden werden) und Handel darstellen.

c) Leontiefsche Sektorenanalyse

Bei Aggregationen unterscheidet man Prozeßaggregationen und Güteraggregationen. In der Leontiefschen Sektorenanalyse werden die beiden Aggregationsarten so vorgenommen, daß jeder Prozeß genau ein Gut als Output hat und jedes Gut in genau einem Prozeß als Output auftritt. Die Anzahl der Güter stimmt mit der Anzahl der Prozesse (Sektoren) überein. Bei *Leontief* erfolgt die Normierung der Prozesse durch die Festsetzung: Der Output des zu einem Prozess gehörenden Gutes stimmt mit der Prozeßintensität überein. Die Matrix B der Outputvektoren ist bei geeigneter Güterindizierung die Einheitsmatrix und die Matrix A der Inputvektoren ist in der Leontiefschen Terminologie die (transponierte) Matrix der technischen Koeffizienten: a_{ij} ist die Quantität des j-ten Gutes, die zur Herstellung einer Einheit des i-ten Gutes verwendet wird.

d) Die Gleichgewichtsbedingungen

Ist x ein Intensitätensystem und y ein Preissystem, dann gilt wegen (N)

$$\begin{aligned} xA + xB &> 0 \\ Ay + By &> 0 \\ xAy + xBy &> 0. \end{aligned}$$

Bei Gültigkeit von (N) kann man also die folgenden Notationen einführen:

$$Q_j(x) = \begin{cases} \dfrac{xB^j}{xA^j} & \text{für } xA^j > 0 \\ \infty & \text{für } xA^j = 0 \end{cases}$$

ist der *Wachstumsfaktor* des j-ten Gutes bzgl. x (B^j und A^j sind die j-ten Spalten von bzw. B und A)[12].

$$R_i(y) = \begin{cases} \dfrac{B_i y}{A_i y} & \text{für } A_i y > 0 \\ \infty & \text{für } A_i y = 0 \end{cases}$$

ist die *Rentabilität* des i-ten Prozesses bzgl. y

---

[12] Vgl. D. *Gale:* a. a. O.

$(B_i = (b_{i1}, b_{i2}, \ldots, b_{in}), A_i = (a_{i1}, a_{i2}, \ldots, a_{in}))$.

$$\Phi(x, y) = \begin{cases} \frac{xBy}{xAy} & \text{für } xAy > 0 \\ \infty & \text{für } xAy = 0 \end{cases}$$

ist der *monetäre Wachstumsfaktor* der Gesamtwirtschaft. Man hat

$$0 \leq Q_j(x) \leq \infty, \ 0 \leq R_i(y) \leq \infty, \ 0 \leq \Phi(x, y) \leq \infty.$$

Definition: Ein *N-Gleichgewicht*[13] ist ein Quadrupel $(\bar{x}, \bar{y}, \alpha, \beta)$ eines Intensitätensystems $\bar{x}$, eines Preissystems $\bar{y}$, eines Wachstumsfaktors α und eines Zinsfaktors β mit

$$\text{(N 1)} \quad \bigwedge_j \ \alpha \leq Q_j(\bar{x})$$

$$\text{(N 2)} \quad \bigwedge_i \ \beta \geq R_i(\bar{y})$$

$$\text{(N 3)} \quad \bigwedge_j \ (\alpha < Q_j(\bar{x}) \rightarrow \bar{y}_j = 0)$$

$$\text{(N 4)} \quad \bigwedge_i \ (\beta > R_i(\bar{y}) \rightarrow \bar{x}_i = 0).$$

Es bedeutet dabei:

(N 1): Der Input eines jeden Gutes kann den Output der Vorperiode nicht überschreiten (Verfügbarkeitsbedingung für eine abgeschlossene Wirtschaft).

(N 2): Der Ertrag eines jeden Prozesses kann den verzinsten Inputwert nicht überschreiten (Profitlosigkeit der Prozesse).

(N 3): Güter, bei denen das Angebot die Nachfrage übersteigt, haben im Gleichgewicht den Preis 0.

(N 4): Prozesse, deren Rentabilität kleiner ist als der Zinsfaktor β, werden nicht durchgeführt.

Im System (N1) bis (N4) kann man (N1) ersetzen durch

$$\text{(N 1')} \quad \alpha = \min_j Q_j(\bar{x})$$

und (N2) durch

$$\text{(N 2')} \quad \beta = \max_i R_i(\bar{y}).$$

Die gleichgewichtige Wachstumsrate ist also die minimale Zuwachsrate der einzelnen Güter bzgl. des gleichgewichtigen Intensitätensystems $\bar{x}$ und der gleichgewichtige Zinsfaktor ist die maximale Rentabilität der einzelnen Prozesse bzgl. des gleichgewichtigen Preissystems $\bar{y}$.

---

[13] Vgl. J. *v. Neumann:* a. a. O., S. 76, Relationen (7), (7'), (8), (8').

Aus (N 1') und (N 2') folgen nämlich bzw. (N1) und (N2). Gilt umgekehrt (N 1) und wäre für alle j $\alpha < Q_j(\bar{x})$, dann müßte wegen (N 3) y verschwinden. Gilt (N 2) und wäre $\beta > R_i(\bar{y})$ für alle i, dann müßte wegen (N 4) $\bar{x}$ verschwinden.

Die Gleichgewichtsbedingungen sind sowohl bzgl. $\bar{x}$ als auch bzgl. $\bar{y}$ homogen: Ist $(\bar{x}, \bar{y}\ \alpha, \beta)$ ein N-Gleichgewicht, $\lambda > 0, \mu > 0$, dann ist auch $(\lambda\bar{x}, \mu\bar{y}, \alpha, \beta)$ ein N-Gleichgewicht. Die Funktionen $Q_j(x)$ und $R_i(y)$ sind nämlich homogen vom Grade 0 in bzw. x und y.

v. Neumann hat gezeigt, daß bei Gültigkeit von (N) die Bedingungen (N 1) bis (N 4) miteinander verträglich sind[14].

e) N-Gleichgewichte als Sattelpunkte der Funktion Φ

Eine andere Charakterisierung der N-Gleichgewichte wird durch den folgenden *Satz 1* vermittelt:

$\bar{x}$ sei ein Intensitätensystem und $\bar{y}$ ein Preissystem. Das Quadrupel $(\bar{x}, \bar{y}, \alpha, \beta)$ ist genau dann ein N-Gleichgewicht, wenn

$$\alpha = \beta = \Phi(\bar{x}, \bar{y}) \tag{1}$$

$$\Phi(x, \bar{y}) \leq \Phi(\bar{x}, \bar{y}) \leq \Phi(\bar{x}, y) \tag{2}$$

für alle Intensitätensysteme x und Preissysteme y gilt.

Man bezeichnet eine Stelle $(\bar{x}, \bar{y})$ mit (2) als Sattelpunkt der Funktion Φ. Ein N-Gleichgewicht läßt sich als Lösung des folgenden 2-Personen-Nullsummenspiels interpretieren: Der erste Spieler kann ein Intensitätensystem x auswählen, der zweite ein Preissystem y. Die Auszahlung (des zweiten an den ersten) ist $\Phi(x, y)$. Der Spieler, der das Intensitätensystem kontrolliert, ist bestrebt, Φ zu maximieren, der andere möchte Φ minimieren. Der Wert des Spiels ist $\alpha = \beta$. Durch Wahl eines gleichgewichtigen Intensitätensystems kann sich der erste Spieler einen Wertzuwachs der Gesamtwirtschaft in Höhe der gleichgewichtigen Wachstumsrate sichern; andererseits kann der zweite Spieler durch die Wahl eines gleichgewichtigen Preissystems einen höheren Wertzuwachs der Wirtschaft verhindern.

Besteht A nur aus den Elementen 1 und beschränkt man sich bei den Intensitäten x und Preisen y auf normierte, $\Sigma x_i = \Sigma y_j = 1$, dann ist $\Phi(x, y)$ die Auszahlungsfunktion der gemischten Erweiterung des Matrixspiels mit der Zahlungsmatrix B.

Es wird zunächst gezeigt *Hilfssatz* 1: Sei $a = (a_1, \ldots, a_r)$, $b = (b_1 \ldots, b_r)$, $z = (z_1, \ldots, z_r)$ mit $a \geq 0$, $b \geq 0$, $z \geq 0$, $z \neq 0$, $a + b > 0$; man hat

$$\min_\rho \frac{b_\rho}{a_\rho} \leq \frac{\sum z_\rho b_\rho}{\sum z_\rho a_\rho} \leq \max_\rho \frac{b_\rho}{a_\rho} \tag{3}$$

---

[14] Vgl. J. *v. Neumann:* a. a. O., S. 79 ff.

(in den auftretenden Brüchen können nicht Zähler und Nenner gleichzeitig verschwinden).

Beweis: Bei geeigneter Indizierung hat man

$$\frac{b_1}{a_1} \leq \frac{b_2}{a_2} \leq \ldots \leq \frac{b_r}{a_r}. \tag{4}$$

Wir zeigen zunächst die linke Ungleichung. Ist $a_1 = 0$, dann müssen wegen (4) alle a_ρ verschwinden, also $\Sigma z_\rho a_\rho = 0$; in (3) gilt das Gleichheitszeichen. Ist $a_1 > 0$, dann folgt aus (4)

$$\frac{b_1}{a_1} a_\rho \leq b_\rho .$$

Man hat somit wegen $z \geq 0$

$$\frac{b_1}{a_1} \sum z_\rho a_\rho \leq \sum z_\rho b_\rho .$$

Daraus folgt die linke Ungleichung von (3):

$$\frac{b_1}{a_1} \leq \frac{\sum z_\rho b_\rho}{\sum z_\rho a_\rho} .$$

Wegen (4) ist für alle ϱ

$$\frac{a_r}{b_r} \leq \frac{a_\rho}{b_\rho} .$$

Wegen der Gültigkeit der linken Ungleichung von (3) hat man (Vertauschung von a und b)

$$\frac{a_r}{b_r} \leq \frac{\sum z_\rho a_\rho}{\sum z_\rho b_\rho} .$$

Daraus folgt die rechte Ungleichung von (3):

$$\frac{\Sigma z_\rho b_\rho}{\Sigma z_\rho a_\rho} \leq \frac{b_r}{a_r} .$$

Beweis von Satz 1: $(\overline{x}, \overline{y}, \alpha, \beta)$ sei ein N-Gleichgewicht. Nach (N1') ist

$$\alpha = \min_j \frac{\overline{x}\, B^j}{\overline{x}\, A^j},$$

wegen (N3) hat man daher

$$\alpha = \frac{\Sigma\, \overline{x}\, B^j\, \overline{y}_j}{\Sigma\, \overline{x}\, A^j\, \overline{y}_j} = \Phi(\overline{x}, \overline{y}).$$

Entsprechend folgt aus (N2') und (N4)

$$\beta = \Phi(\bar{x},\bar{y}).$$

Nach Hilfssatz 1 und (N1') ist

$$\bigwedge_{\substack{y \geq 0 \\ y \neq 0}} \quad \alpha \leq \frac{\sum \bar{x}\, B^j\, y_j}{\sum \bar{x}\, A^j\, y_j} = \Phi(\bar{x},y).$$

Andererseits ist nach Hilfssatz 1 und (N2')

$$\bigwedge_{\substack{x \geq 0 \\ x \neq 0}} \quad \beta \geq \frac{\sum x_i\, B_i\, \bar{y}}{\sum x_i\, A_i\, \bar{y}} = \Phi(x,\bar{y}).$$

Es gilt also (1) und (2).

Das Quadrupel $(\bar{x}, \bar{y}, \alpha, \beta)$ möge (1) und (2) erfüllen, dann ist für alle Preissysteme y

$$\alpha \leq \Phi(\bar{x},y) = \frac{\sum \bar{x}\, B^j\, y_j}{\sum \bar{x}\, A^j\, y_j},$$

also insbesondere (man ersetze y durch Einheitsvektoren)

$$\bigwedge_j \alpha \leq Q_j(\bar{x}).$$

Das ist (N1). Weiterhin folgt aus (1) und (2) für alle Intensitätensysteme x

$$\beta \geq \Phi(x,\bar{y}) = \frac{\sum x_i B_i \bar{y}}{\sum x_i A_i \bar{y}},$$

also insbesondere (man ersetze x durch Einheitsvektoren)

$$\bigwedge_i \beta \geq R_i(\bar{y}).$$

Das ist (N2).

Aus $\alpha < Q_j(\bar{x})$ und $\bar{y}_j > 0$ würde wegen (N1) folgen $\alpha < \Phi\,(\bar{x}, \bar{y})$, im Widerspruch zu (1). Es gilt daher (N3). Aus $\beta > R_i(\bar{y})$ und $\bar{x}_i > 0$ würde wegen (N2) folgen $\beta > \Phi\,(\bar{x}, \bar{y})$. Das steht im Widerspruch zu (1). Es muß daher (N4) gelten.

Satz 2: Sind $(\bar{x}, \bar{y}, \bar{\alpha}, \bar{\beta})$ und $(\tilde{x}, \tilde{y}, \tilde{\alpha}, \tilde{\beta})$ zwei N-Gleichgewichte, dann gilt

$$\bar{\alpha} = \bar{\beta} = \tilde{\alpha} = \tilde{\beta}$$

und es sind auch $(\bar{x}, \tilde{y}, \bar{\alpha}, \bar{\alpha})$ und $(\tilde{x}, \bar{y}, \bar{\alpha}, \bar{\alpha})$ zwei N-Gleichgewichte.

Beweis: Nach Satz 1 hat man für die beiden N-Gleichgewichte $(\bar{x}, \bar{y}, \bar{\alpha}, \bar{\beta})$, $(\tilde{x}, \tilde{y}, \tilde{\alpha}, \tilde{\beta})$

$$\bar{\alpha} = \bar{\beta} = \Phi(\bar{x},\bar{y})$$

(5)

$$\tilde{\alpha} = \tilde{\beta} = \Phi(\tilde{x},\tilde{y})$$

und für alle x und y

$$\Phi(x,\bar{y}) \leq \Phi(\bar{x},\bar{y}) \leq \Phi(\bar{x},y)$$

(6)

$$\Phi(x,\tilde{y}) \leq \Phi(\tilde{x},\tilde{y}) \leq \Phi(\tilde{x},y),$$

also insbesondere

$$\Phi(\tilde{x},\bar{y}) \leq \Phi(\bar{x},\bar{y}) \leq \Phi(\bar{x},\tilde{y})$$

(7)

$$\Phi(\bar{x},\tilde{y}) \leq \Phi(\tilde{x},\tilde{y}) \leq \Phi(\tilde{x},\bar{y}).$$

In (7) muß das Gleichheitszeichen gelten. Man hat daher nach (5)

(8) $$\tilde{\alpha} = \bar{\alpha} = \Phi(\bar{x},\tilde{y}) = \Phi(\tilde{x},\bar{y}).$$

Wegen (6) und der Gleichheit, die in (7) gilt, hat man

$$\Phi(x,\tilde{y}) \leq \Phi(\bar{x},\tilde{y}) \leq \Phi(\bar{x},y)$$

(9)

$$\Phi(x,\bar{y}) \leq \Phi(\tilde{x},\bar{y}) \leq \Phi(\tilde{x},y).$$

Wegen (8), (9) und Satz 1 sind $(\bar{x}, \tilde{y}, \bar{\alpha}, \bar{\alpha})$ und $(\tilde{x}, \bar{y}, \bar{\alpha}, \bar{\alpha})$ N-Gleichgewichte.

Bei Gültigkeit von (N) gibt es also höchstens eine gleichgewichtige Wachstumsrate. Sie stimmt mit der gleichgewichtigen Zinsrate überein.

f) Beispiel für die Bestimmung eines N-Gleichgewichts mit Hilfe der Funktion Φ

Wir betrachten eine aggregierte Wirtschaft, in der es 2 Prozesse (Investitionsgüterherstellung und Konsumgüterherstellung) und 2 Güter („Investition" und „Konsum") gibt. Die Technologiematrizen seien

$$A = \begin{pmatrix} 2 & 1 \\ 1 & 1 \end{pmatrix}, \qquad B = \begin{pmatrix} 5 & 0 \\ 1 & 4 \end{pmatrix}.$$

Man hat für die Funktion Φ

$$\Phi(x,y) = \frac{5x_1y_1 + x_2y_1 + 4x_2y_2}{2x_1y_1 + x_2y_1 + x_1y_2 + x_2y_2}.$$

Φ ist homogen vom Grade 0 bezügl. x und bezügl. y. Man hat nämlich für nichtverschwindende λ und μ

$$\Phi(x,y) = \Phi(\lambda x,\mu y).$$

Es bedeutet daher keine Einschränkung, wenn man sich zur Bestimmung des Sattelpunktes auf normierte Preis- und Intensitätensysteme beschränkt. Es sei $x_1 + x_2 = 1$, $y_1 + y_2 = 1$. Setzt man $x_1 = \xi$ und $y_1 = \eta$, dann hat man an Stelle von Φ (x, y)

$$\tilde{\Phi}(\xi,\eta) = \frac{5\xi\eta + (1-\xi)\eta + 4(1-\xi)(1-\eta)}{2\xi\eta + (1-\xi)\eta + \xi(1-\eta) + (1-\xi)(1-\eta)} = \frac{8\xi\eta - 4\xi - 3\eta + 4}{\xi\eta + 1}.$$

Es ist ein Sattelpunkt der Funktion $\tilde{\Phi}(\xi, \eta)$ im Bereich $0 \leq \xi \leq 1$, $0 \leq \eta \leq 1$ gesucht. Man bestimmt zunächst die lokalen Sattelpunkte von $\tilde{\Phi}$ und prüft dann nach, ob einer davon im Einheitsquadrat liegt. Es ist zu verifizieren, daß dieser ein Sattelpunkt bezügl. des Einheitsquadrates ist.
Die notwendigen Bedingungen für einen lokalen Sattelpunkt sind

$$\frac{\partial \tilde{\Phi}}{\partial \xi} = 0, \qquad \frac{\partial \tilde{\Phi}}{\partial \eta} = 0.$$

Man hat

$$\frac{\partial \tilde{\Phi}}{\partial \xi} = \frac{3\eta^2 + 4\eta - 4}{(\xi\eta + 1)^2}$$

$$\frac{\partial \tilde{\Phi}}{\partial \eta} = \frac{4\xi^2 + 4\xi - 3}{(\xi\eta + 1)^2}.$$

$\left(\frac{1}{2}, \frac{2}{3}\right)$ ist ein Sattelpunkt von $\tilde{\Phi}$ im Einheitsquadrat. Man hat nämlich

$$\tilde{\Phi}\left(\frac{1}{2}, \frac{2}{3}\right) = 2$$

$$\tilde{\Phi}\left(\frac{1}{2}, \eta\right) = 2$$

$$\tilde{\Phi}\left(\xi, \frac{2}{3}\right) = 2.$$

Nach Satz 1 ist $\left[\left(\frac{1}{2}, \frac{1}{2}\right), \left(\frac{2}{3}, \frac{1}{3}\right), 2, 2\right]$ ein N-Gleichgewicht.

g) Weitere Eigenschaften der N-Gleichgewichte

Satz 3: Ist $(\bar{x}, \bar{y}, \bar{\alpha}, \bar{\beta})$ ein N-Gleichgewicht, dann gilt

$$\bar{\alpha} = \max \alpha$$

unter den Nebenbedingungen

$$(10) \qquad \bigwedge_j \; \alpha \leq Q_j(x), \qquad x \geq 0,\ x \neq 0$$

und

$$\bar{\beta} = \min \beta$$

unter den Nebenbedingungen

$$(11)\qquad \bigwedge_i \beta \geq R_i(y) \qquad y \geq 0,\ y \neq 0\ .$$

Der gleichgewichtige Wachstumsfaktor ist also der technologisch maximale einer abgeschlossenen Wirtschaft unabhängig vom Preissystem. Der gleichgewichtige Zinsfaktor ist der minimale unter denen, für die es noch ein Preissystem mit profitlosen Prozessen gibt.

Beweis: Wegen (N1) bzw. (N2) erfüllen $\bar{\alpha}, \bar{x}$ bzw. $\bar{\beta}, \bar{y}$ die im Satz genannten Nebenbedingungen. Zu α gebe es ein Intensitätensystem x mit (10), dann folgt nach Hilfssatz 1 $\alpha \leq \Phi\ (x, \bar{y})$. Wegen Satz 1 ist aber $\Phi\ (x, \bar{y}) \leq \bar{\alpha}$, also $\bar{\alpha} \geq \alpha$, somit ist $\bar{\alpha}$ maximal. Gibt es zu β ein Preissystem y mit (11), dann folgt wegen Hilfssatz 1 $\beta \geq \Phi\ (\bar{x}, y)$. Nach Satz 1 ist $\Phi\ (\bar{x}, y) \geq \bar{\beta}$, also $\beta \geq \bar{\beta}$.

3. Das Expansionsgleichgewicht bei Kemeny, Morgenstern, Thompson[15]

a) Die Technologie

Im Unterschied zu *v. Neumann* verlangen *Kemeny, Morgenstern, Thompson* für die Technologie:

$$(\mathrm{KMT})\qquad A \geq 0, \quad B \geq 0 \qquad v(B) > 0,\ v(-A) < 0.$$

Hier ist v (M) der Wert des Matrixspiels mit der Zahlungsmatrix M. (KMT) bedeutet also, daß in jeder Spalte von B und in jeder Zeile von A wenigstens ein positives Element steht.

Unter der Voraussetzung (KMT) lassen sich die Funktionen $Q_j\,(x)$ und $R_i\,(y)$ im allgemeinen nicht für alle Intensitätensysteme x und Preissysteme y erklären. Dies liegt daran, daß nicht alle Güter in jedem Prozeß als Input oder Output eingehen müssen. Man muß daher die Gleichgewichtsbedingungen in einer anderen Weise formulieren.

b) Die Gleichgewichtsbedingungen

Definition: Das Quadrupel $(\bar{x}, \bar{y}, \alpha, \beta)$ eines Intensitätensystems $\bar{x}$, eines Preissystems $\bar{y}$, eines Wachstumsfaktors α und eines Zinsfaktors β heißt *K-M-T-Gleichgewicht*, wenn gilt:

[15] Vgl. J. G. *Kemeny*, O. *Morgenstern*, G. L. *Thompson:* a. a. O.

(KMT1)	$\bar{x}B \geq \alpha \bar{x} A$
(KMT2)	$B\bar{y} \leq \beta A \bar{y}$
(KMT3)	$\bar{x}(B - \alpha A)\bar{y} = 0$
(KMT4)	$\bar{x}(B - \beta A)\bar{y} = 0$
(KMT5)	$\bar{x} B \bar{y} > 0.$

Die Forderungen (KMT 1) bis (KMT 4) entsprechen den Forderungen (N 1) bis (N 4):

(KMT 1): Der Input einer nachfolgenden Periode kann den Output der vorangegangenen nicht überschreiten.

(KMT 2): Der Ertrag eines jeden Prozesses kann den verzinsten Inputwert nicht überschreiten.

(KMT 3): Überschreitet der Gesamtoutput $\bar{x}B^j$ eines Gutes den Gesamtinput $\alpha \bar{x} A^j$ der nachfolgenden Periode, dann ist der Preis $\bar{y}_j$ des Gutes 0. (Aus $\bar{x}B^j - \alpha\bar{x}A^j > 0$ folgt $\bar{y}_j = 0$).

(KMT 4): Unterschreitet der Ertrag eines Prozesses den verzinsten Inputwert, dann wird der Prozeß nicht durchgeführt (aus $B_i \bar{y} - \beta A_i \bar{y} < 0$ folgt $\bar{x}_i = 0$).

(KMT 5): Der Gesamtoutput der Wirtschaft hat einen positiven monetären Wert.

c) K-M-T-Gleichgewichte und Matrixspiele

Satz 4: Ist $(\bar{x}, \bar{y}, \alpha, \beta)$ ein K-M-T-Gleichgewicht, dann ist $\bar{x}A\bar{y} > 0$ und man hat

$$\alpha = \beta = \Phi(\bar{x}, \bar{y}).$$

Beweis: Aus (KMT 5) und (KMT 3) folgt $\bar{x}A\bar{y} > 0$.
Man hat daher nach (KMT 3) und (KMT 4)

$$\alpha = \beta = \frac{\bar{x} B \bar{y}}{\bar{x} A \bar{y}}.$$

Satz 5: Sei $\bar{x} \geq 0$, $\bar{y} \geq 0$. Das Quadrupel $(\bar{x}, \bar{y}, \alpha, \beta)$ ist genau dann ein K-M-T-Gleichgewicht, wenn gilt: $\alpha = \beta$, $\bar{x}B\bar{y} > 0$, das Paar

$$\frac{\bar{x}}{\Sigma \bar{x}_i}, \frac{\bar{y}}{\Sigma \bar{y}_j}$$

ist eine Lösung des Matrixspiels mit der Zahlungsmatrix $M_\alpha = B - \alpha A$, $v(M_\alpha) = 0$.

Beweis: Es sei $(\bar{x}, \bar{y}, \alpha, \beta)$ ein K-M-T-Gleichgewicht, dann ist nach Satz 4 $\alpha = \beta$. Aus (KMT 1) und (KMT 2) folgt daher

$$(12) \qquad \begin{aligned} \bar{x} M_\alpha &\geq 0 \\ M_\alpha \bar{y} &\leq 0. \end{aligned}$$

Die Vektoren

$$\hat{x} = \frac{\bar{x}}{\sum \bar{x}_i} \text{ und } \hat{y} = \frac{\bar{y}}{\sum \bar{y}_j}$$

sind daher eine Lösung zu M_α und man hat $v(M_\alpha) = 0$.

Sei andererseits $v(M_\alpha) = 0$ und $(\hat{x}, \hat{y})$ eine Lösung zu M_α, dann gilt (12). Mit $\beta = \alpha$ in der zweiten Ungleichung von (12) impliziert (12) (KMT 1) bis (KMT 4).

Hilfssatz 2: Die Funktion $v(\alpha) = v(M_\alpha)$ ist monoton fallend.

Beweis: Sei $\alpha < \bar{\alpha}$, dann ist $M_{\bar{\alpha}} \leq M_\alpha$. Ist (x, y) eine Lösung zu M_α und $(\bar{x}, \bar{y})$ eine Lösung zu $M_{\bar{\alpha}}$, dann gilt

$$\begin{aligned} v(\alpha) &= x M_\alpha y \geq \bar{x} M_\alpha y \\ v(\bar{\alpha}) &= \bar{x} M_{\bar{\alpha}} \bar{y} \leq \bar{x} M_{\bar{\alpha}} y. \end{aligned}$$

Wegen $M_{\bar{\alpha}} \leq M_\alpha$ ist $\bar{x} M_\alpha y \geq \bar{x} M_{\bar{\alpha}} y$, also $v(\alpha) \geq v(\bar{\alpha})$.

Die Gesamtheit der α mit $v(\alpha) = 0$ bildet ein nichtleeres abgeschlossenes Intervall des positiven Strahls der Zahlengerade. Unter diesen müssen nach Satz 5 die Wachstumsfaktoren sein, die zu K-M-T-Gleichgewichten gehören. *Thompson*[16] hat gezeigt, daß das größte und das kleinste α mit $v(\alpha) = 0$ gleichgewichtig sind; die Forderungen (KMT 1) bis (KMT 5) sind miteinander verträglich, wenn (KMT) erfüllt ist.

Bei Gültigkeit von (KMT) kann es mehrere gleichgewichtige Wachstumsfaktoren geben. Ihre Anzahl ist jedoch durch min (m, n) beschränkt.

Der größte gleichgewichtige Wachstumsfaktor ist das Maximum von α unter den Nebenbedingungen

$$\begin{aligned} &\alpha x A \leq x B \\ &x \geq 0, \ x \neq 0. \end{aligned}$$

Der kleinste gleichgewichtige Zinsfaktor ist das Minimum von β unter den Nebenbedingungen

$$\begin{aligned} &\beta A y \geq B y \\ &y \geq 0, y \neq 0. \end{aligned}$$

d) Beispiel

Die Prozeßaggregate sind „Herstellung von notwendigen Gütern" und „Herstellung von Luxusgütern". Die Technologien seien

---

[16] Vgl. G. L. *Thompson:* a. a. O.

$$A = \begin{pmatrix} 1 & 0 \\ 1 & 1 \end{pmatrix}, \qquad B = \begin{pmatrix} 3 & 0 \\ 0 & 2 \end{pmatrix}.$$

In der ersten Spalte stehen jeweils „notwendige Güter", in der zweiten „Luxusgüter".

In dem Modell kann es höchstens 2 gleichgewichtige Wachstumsfaktoren geben. Zur Bestimmung des (evt.) größeren hat man das größte α zu ermitteln, das die Bedingungen

(13)
$$\alpha x A \leq x B$$
$$x \geq 0, x \neq 0$$

erfüllt. (13) ist hier

$$\alpha(x_1 + x_2) \leq 3\,x_1$$
$$\alpha\,x_2 \leq 2\,x_2.$$

Ist $x_2 > 0$, dann kann wegen der zweiten Ungleichung α nicht größer als 2 sein. Für $x_2 = 0$ also $x_1 > 0$ ist nach der ersten Ungleichung $\alpha \leq 3$. Das maximale α ist daher 3. Bei diesem gleichgewichtigen Wachstumsfaktor wird der zweite Prozeß nicht durchgeführt. Das zugehörige Expansionsgleichgewicht ist

$$\alpha = \beta = 3, \quad \bar{x} = (1,0), \quad \bar{y} = (1,0)'.$$

Zur Bestimmung des kleineren Wachstumsfaktors hat man β unter den Nebenbedingungen

$$\beta A y \geq B y, \quad y \geq 0, y \neq 0$$

zu minimieren. Man hat

$$\beta y_1 \geq 3\,y_1$$
$$\beta(y_1 + y_2) \geq 2\,y_2.$$

Für positives y_1 kann wegen der ersten Ungleichung β nicht kleiner als 3 sein. Ist $y_1 = 0$, also $y_2 > 0$, dann folgt aus der zweiten Ungleichung $\beta \geq 2$. Das minimale β ist also 2. Ein Expansionsgleichgewicht mit dem Wachstumsfaktor 2 hat man in

$$\alpha = \beta = 2, \quad \bar{x} = \left(\frac{2}{3}, \frac{1}{3}\right), \quad \bar{y} = (0,1)'.$$

e) Nichtgleichgewichtige Expansion

In der Wirklichkeit werden die Bedingungen (KMT 3) und (KMT 4) nicht erfüllt sein. Für eine abgeschlossene und profitlose Wirtschaft gilt jedoch bei gleichförmiger Expansion

(KMT 1) $x(B - \alpha A) \geq 0$

(KMT 2) $(B - \beta A)\, y \leq 0$

(KMT 5) $xBy > 0$

$x \geq 0, \; y \geq 0.$

Der Wert der Überproduktion, bezogen auf den Wert der Inputs ist

$$f = \frac{x\,B\,y - \alpha\, x\,A\,y}{x\,A\,y}.$$

Da (KMT 4) nicht erfüllt sein muß, sind also gleichförmige Expansionen der Wirtschaft zugelassen, bei denen Prozesse durchgeführt werden, deren verzinster Inputwert den Ertrag übersteigt. Die Ergebnisminderung der Gesamtwirtschaft, die aus der Verwendung von Prozessen nichtmaximaler Rentabilität herrührt, ist, bezogen auf den Inputwert der Gesamtwirtschaft,

$$p = \frac{\beta\, x\,A\,y - x\,B\,y}{x\,A\,y}.$$

Wegen (KMT 5) ist $xAy > 0$, es gilt daher wegen (KMT 1) bzw. (KMT 2)

$$f \geq 0$$
$$p \geq 0.$$

Es sei (KMT) erfüllt. Für eine gleichförmig wachsende abgeschlossene und profitlose Wirtschaft hat man

$$\alpha + f = \beta - p = \frac{x\,B\,y}{x\,A\,y} > 0,$$

$$\beta - \alpha = f + p \geq 0$$

und

$$\alpha \leq \alpha_1, \; \beta \geq \alpha_k.$$

Hierbei sind α_1 und α_k der maximale bzw. minimale gleichgewichtige Wachstumsfaktor. Der Wachstumsfaktor kann also den Zinsfaktor nicht überschreiten. Die Differenz zwischen Zinsfaktor und Wachstumsfaktor ist die Summe des Indexes f für die Preise der Überproduktion und des Indexes p für die Verwendung von Prozessen nicht-maximaler Rentabilität. Der Wachstumsfaktor, vermehrt um den Index f der Überproduktion, stimmt mit dem monetären Wachstumsfaktor

$$\frac{xBy}{xAy}$$

der Gesamtwirtschaft überein.

Satz 6: Ist das Quadrupel $(\bar{x}, \bar{y}, \alpha + f, \beta - p)$ mit $\alpha \geq 0$, $f \geq 0$, $p \geq 0$ ein K-M-T-Gleichgewicht, dann hat man in $(\bar{x}, \bar{y}, \alpha, \beta)$ eine gleichförmig expandierende, abgeschlossene und profitlose Wirtschaft beschrieben, für die f der Index der Überproduktion und p der Index der Ergebnisminderung durch weniger rentable Prozesse (die Umkehrung gilt nicht) ist.

Beweis: Mann hat für das K-M-T-Gleichgewicht $(\bar{x}, \bar{y}, \alpha + f, \beta - p)$:

$$\begin{aligned} (\alpha + f)\, \bar{x}A &\leq \bar{x}B \\ (\beta - p)\, A\bar{y} &\geq B\bar{y} \\ (\alpha + f)\, \bar{x}A\bar{y} &= \bar{x}B\bar{y} \\ (\beta - p)\, \bar{x}A\bar{y} &= \bar{x}B\bar{y} \\ \bar{x}B\bar{y} &> 0. \end{aligned}$$

Daraus folgt wegen $f \geq 0$, $p \geq 0$

$$\begin{aligned} \alpha\bar{x}A &\leq \bar{x}B \\ \beta A\bar{y} &\geq B\bar{y} \\ \bar{x}B\bar{y} &> 0 \\ f &= \frac{\bar{x}B\bar{y} - \alpha\bar{x}A\bar{y}}{\bar{x}A\bar{y}} \\ p &= \frac{\beta\bar{x}A\bar{y} - \bar{x}B\bar{y}}{\bar{x}A\bar{y}}. \end{aligned}$$

Folgerung: Zu jedem gleichgewichtigen Wachstumsfaktor $\alpha_\varkappa$ und zu allen α, β mit

$$\begin{aligned} \alpha &= \alpha_\varkappa - f, \quad 0 \leq \alpha \leq \alpha_\varkappa \\ \beta &= \alpha_\varkappa + p, \quad p \geq 0 \end{aligned}$$

gibt es eine gleichförmig expandierende abgeschlossene und profitlose Wirtschaft mit dem Wachstumsfaktor α, dem Zinsfaktor β und den Indices f, p für Überproduktion bzw. Ergebnisminderung.

Beispiel:
Die Technologie sei wieder

$$A = \begin{pmatrix} 1 & 0 \\ 1 & 1 \end{pmatrix}, \qquad B = \begin{pmatrix} 3 & 0 \\ 0 & 2 \end{pmatrix}.$$

Man hat die gleichgewichtigen Wachstumsfaktoren $\alpha_1 = 3$, $\alpha_2 = 2$. Nach der Folgerung hat man in allen Quadrupeln $(\bar{x}, \bar{y}, \alpha, \beta)$ mit

$$\begin{aligned} \alpha &= 3 - f & 0 &\leq \alpha \leq 3 \\ \beta &= 3 + p & p &\geq 0 \\ \bar{x} &= (1,0) & \bar{y} &= (1,0)' \end{aligned}$$

oder

$$\begin{aligned} \alpha &= 2 - f & 0 &\leq \alpha \leq 2 \\ \beta &= 2 + p & p &\geq 0 \\ \bar{x} &= \left(\frac{2}{3}, \frac{1}{3}\right) & \bar{y} &= (0,1)' \end{aligned}$$

gleichförmige Expansionen bei abgeschlossener und profitloser Wirtschaft. Es gibt aber noch weitere derartige Expansionen, beispielsweise

$$\alpha = \frac{3}{2}, \quad \beta = 3$$

$$\bar{x} = \left(\frac{1}{2}, \frac{1}{2}\right), \quad \bar{y} = (1,0)'.$$

Hier ist $f = 0$ und $p = \frac{3}{2}$.

f) Expansionsgleichgewicht bei Vorhandensein von Endnachfrage

Es wird der Fall einer gleichgewichtig expandierenden Wirtschaft betrachtet, bei der ein Teil des Outputs abgegeben wird, beispielsweise an Inlandskonsumenten, die aber keine Güter von außen bezieht. Die Finanzierung der Endnachfrage wird den einzelnen Prozessen proportional der Intensität als Kosten zugerechnet, etwa in Form von Steuern, Lohnzuschlägen, Verbandsabgaben. Diese Zurechnung hängt also von den Prozeßnormierungen ab. Die Normierungen sind daher geeignet vorzunehmen. Die Endnachfragen nach den einzelnen Gütern treten in einem festen Verhältnis $d_1 : d_2 : \ldots : d_n$ zueinander auf; sie wachsen mit dem gleichen Faktor α wie die Gesamtwirtschaft. $d_j \Sigma x_i$ sei die Endnachfrage nach dem j-ten Gut. Das Verhältnis der Endnachfrage zum gleichzeitigen Input ist also von x abhängig. Die Verfügbarkeitsbedingung der Prozeßinputs und Endnachfragebefriedigung heißt hier

$$\bar{x}\,B \geq \alpha\bar{x}\,(A + D). \tag{14}$$

Dabei ist D die (m, n)-Matrix, deren Zeilen alle gleich $(d_1, \ldots, d_n)$ sind. Aus der Annahme vollständiger Konkurrenz folgt weiter für das Expansionsgleichgewicht

$$B\bar{y} \leq \beta\,(A + D)\,\bar{y} \tag{15}$$

$$\bar{x}\big(B - \alpha(A + D)\big)\,\bar{y} = 0 \tag{16}$$

$$\bar{x}\big(B - \beta(A + D)\big)\,\bar{y} = 0. \tag{17}$$

Außerdem wird wieder ein positiver Wert des Gesamtoutputs gefordert

$$\bar{x}\,B\,\bar{y} > 0. \tag{18}$$

Erfüllen A, B die Voraussetzung (KMT), dann gilt dies auch wegen $D \geq 0$ für $A + D$, B. Ersetzt man daher in (14) bis (18) die Matrix $A + D$ durch A, dann erhält man gerade die Forderungen (KMT 1) bis (KMT 5). Für die Gleichgewichte der Wirtschaften mit Endnachfrage, bei denen (14) bis (18) erfüllt sind, gelten also die entsprechenden Sätze wie für K-M-T-Gleichgewichte. Die Endnachfrage bedingt im allgemeinen kleinere Wachstumsfaktoren.

Beispiel: Die Technologie sei wieder durch

$$A = \begin{pmatrix} 1 & 0 \\ 1 & 1 \end{pmatrix}, \qquad B = \begin{pmatrix} 3 & 0 \\ 0 & 2 \end{pmatrix}$$

gegeben. Für die Endnachfrage habe man

$$D = \begin{pmatrix} \frac{1}{2} & \frac{1}{2} \\ \frac{1}{2} & \frac{1}{2} \end{pmatrix}.$$

Die Endnachfrage nach jedem Gut ist also $\frac{1}{2}(x_1 + x_2)$. Hier ist

$$A + D = \begin{pmatrix} \frac{3}{2} & \frac{1}{2} \\ \frac{3}{2} & \frac{3}{2} \end{pmatrix}.$$

Es gibt genau ein Expansionsgleichgewicht, nämlich

$$\alpha = \beta = 1, \quad \bar{x} = \left(\frac{1}{2}, \frac{1}{2}\right), \quad \bar{y} = \left(\frac{1}{4}, \frac{3}{4}\right)'.$$

g) Beziehungen zum expansiven Leontiefsystem

Für das Leontiefsche Input-Output-System hat man die Technologie

(L) $$B = E, \quad A \geq 0, \quad v(-A) < 0$$

($v(-A) < 0$ bedeutet, daß in jeder Zeile mindestens ein positives Element steht (wegen $A \geq 0$)).

x_i ist hier der Output des i-ten Gutes; der i-te Prozeß hat nur das i-te Gut als Output. Beim expansiven Leontiefsystem mit dem Wachstumsfaktor α hat man die Bedingung

(L 1) $$x \geq \alpha(xA + d).$$

Dabei bezeichnet $d = (d_1, \ldots, d_n)$ die Endnachfrage nach den einzelnen Gütern der Vorperiode. Die Endnachfrage expandiert mit dem gleichen Wachstumsfaktor α wie die Gesamtwirtschaft. (L1) besagt lediglich, daß Inputs und Endnachfrage bei gleichförmig expandierender Wirtschaft die Outputs der Vorperiode nicht überschreiten können. Für $\alpha = 1$ und der Gleichheit in (L1) erhält man das statische Leontiefsystem. A ist die Matrix der technologischen Koeffizienten bei Leontief.

Satz 7: Der größte gleichgewichtige Expansionsfaktor bei Berücksichtigung der Endnachfrage d im Sinne von 3 f) ist der größte Expansionsfaktor des Leontiefsystems.

Beweis: An Stelle von (L1) kann man schreiben

(19) $$xB \geq \alpha x (A + D).$$

Der größte gleichgewichtige Wachstumsfaktor bei der Technologie A + D, B ist aber das maximale α mit (19).

Beispiel:
Sei

$$A = \begin{pmatrix} \frac{1}{3} & 0 \\ \frac{1}{2} & \frac{1}{2} \end{pmatrix}, \quad d = \left(\frac{1}{6}, \frac{1}{8}\right),$$

also

$$D = \begin{pmatrix} \frac{1}{6} & \frac{1}{8} \\ \frac{1}{6} & \frac{1}{8} \end{pmatrix}, \quad A + D = \begin{pmatrix} \frac{1}{2} & \frac{1}{8} \\ \frac{2}{3} & \frac{5}{8} \end{pmatrix}.$$

(L1) lautet hier

$$x_1 \geq \alpha\left(\frac{1}{2} x_1 + \frac{2}{3} x_2\right)$$

$$x_2 \geq \alpha\left(\frac{1}{8} x_1 + \frac{5}{8} x_2\right).$$

Das maximale α ist 1,17 beim Intensitätensystem

$$x = (0{,}65; 0{,}35).$$

4. Das Domarsche Wachstumsmodell in v. Neumannscher Fassung

Im folgenden soll das Domarsche Wachstumsmodell[17] in einer Fassung behandelt werden, die sich an das Modell von *Kemeny-Morgenstern-Thompson* mit Endnachfrage anlehnt.

a) Die Technologie

Entsprechend dem Domarschen Ansatz besteht die zu betrachtende Wirtschaft aus 2 „Gütern", Realkapitalbestand und Nettorealeinkommen, sowie 2 „Prozessen", Produktion und Investition. Der erste Prozeß

[17] Vgl. E. D. *Domar:* Capital expansion, rate of growth, and employment. Econometrica 14, 137—147 (1946). — E. D. *Domar:* Expansion and employment. Amer. Econ. Rev. 37, 34—55 (1947). — K. *Brandt:* Struktur der Wirtschaftsdynamik. Frankfurt 1952, S. 88 ff. — G. *Bombach:* Zur Theorie des wirtschaftlichen Wachstums. Weltwirtschaftl. Archiv 70, 110—165 (1953). — R. F. *Harrod:* Domar and dynamic economics. Econ. J. 69, 451—464 (1959). — E. *Preiser:* Nationalökonomie heute. München 1959, S. 114 ff. — E. *Schneider:* Einführung in die Wirtschaftstheorie, 3. Bd.: Geld, Kredit, Volkseinkommen und Beschäftigung. 5. Aufl., Tübingen 1959, S. 121 ff.

umfaßt auch die Herstellung der Investitionsgüter, der zweite Prozeß dient lediglich zur Beschreibung des Kapazitätseffektes. Als Einheit des Nettorealeinkommens wählt man diejenige Menge, die bei Vollbeschäftigung mit einer Einheit Realkapital erzeugt wird. Da das Realeinkommen hier als Nettogröße betrachtet wird, erscheint das Einkommen im ersten Prozeß nicht als Input. Der zweite Prozeß hat als Input nur das (zur Investition vorgesehene) Einkommen. Der Output im ersten Prozeß besteht aus dem Realkapital und dem erzeugten Einkommen, im zweiten Prozeß ist der Output der durch die Investition bewirkte Kapitalzuwachs[18]. Die Technologiematrizen sind:

$$A = \begin{pmatrix} 1 & 0 \\ 0 & 1 \end{pmatrix}, \qquad B = \begin{pmatrix} 1 & 1 \\ \sigma & 0 \end{pmatrix}.$$

Das Element σ in der Matrix B entspricht dem Domarschen σ in der Relation (1)[19].

b) Die Gleichgewichtsbedingungen

Man betrachtet zwei Klassen von Wirtschaftssubjekten: Unternehmer und Lohnempfänger. Der Konsum der Unternehmer wird vernachlässigt, ebenfalls das Sparen der Lohnempfänger. Der monetäre Gesamtkonsum stimmt daher mit der Lohnsumme überein. Die Löhne werden postnumerando gezahlt[20]. Es findet daher keine Verzinsung der Lohnkosten in der Kalkulation statt. Die Lohnsumme wird in der folgenden Periode ausgegeben. Die Konsumquote der Gesamtwirtschaft sei c; sie entspricht dem Anteil der Lohnempfänger am Gesamteinkommen. $s = 1 - c$ ist die Sparquote der Gesamtwirtschaft, sie entspricht dem Zinseinkommen. y_1 sei der Preisindex der in der Wirtschaft investierten Kapitalgüter, y_2 sei der Preisindex für das Nettorealeinkommen. In cy_2 hat man die Lohnsumme beim Nettorealeinkommen 1.

Die beiden Prozesse entstehen durch Aggregation über die Unternehmungen, dabei treten beide Prozeßtypen in jeder Unternehmung auf; die Prozesse entsprechen also nicht etwa 2 Klassen von Unternehmungen, sie stellen die Schemata für kurzfristige bzw. langfristige Rentabilitätsbetrachtungen dar: Im ersten Prozeß wird der Outputwert mit dem verzinsten Inputwert zuzüglich Lohnkosten verglichen. Im zweiten Prozeß wird der Kapitalzuwachs mit dem verzinsten monetären Wert der Investition verglichen. Die Intensitäten x_1, x_2 der beiden Prozesse bedeuten bzw. den Realkapitalbestand und die Nettoinvestition.

---

[18] Durch die vorgenommene Periodenbetrachtung weicht das Ergebnis etwas von dem des kontinuierlichen Domarmodells ab.

[19] E. D. *Domar:* a. a. O. (1946), S. 140. — Vgl. auch Relation (88) in E. *Schneider:* a. a. O., S. 224.

[20] Vgl. das Walras-Morishima-Modell in M. *Morishima:* a. a. O., S. 360 ff.

Zur Darstellung des Konsums und der Lohnkosten wird in den Gleichgewichtsbedingungen die Matrix

$$C = \begin{pmatrix} 0 & c \\ 0 & 0 \end{pmatrix}$$

benutzt. Sie lauten

(DN 1) $$xB \geq \alpha xA + xC$$

(DN 2) $$By \leq \beta Ay + Cy$$

(DN 3) $$xBy = \alpha xAy + xCy$$

(DN 4) $$xBy = \beta xAy + xCy.$$

Durch (DN 1) bis (DN 4) wird unter den oben genannten Vorausetzungen ein stationäres Expansionsgleichgewicht einer abgeschlossenen Wirtschaft bei vollständiger Konkurrenz beschrieben. Nach (DN 2) kann durch den Prozeß Produktion kein Gewinn entstehen, der über den Zins hinausgeht; das entsprechende gilt für die Investition.

c) Eigenschaften des Gleichgewichts

Sei $B^* = B - C$, dann hat man an Stelle von (DN 1) bis (DN 4)

$$xB^* \geq \alpha xA$$
$$B^*y \leq \beta Ay$$
$$xB^*y = \alpha xAy$$
$$xB^*y = \beta xAy.$$

Es wird angenommen, daß $s > 0$ und $\sigma > 0$ ist. Dann gilt (N):

$$A + B^* = \begin{pmatrix} 2 & s \\ \sigma & 1 \end{pmatrix} > 0\,.$$

Es existiert also genau ein Wachstumsfaktor α; er stimmt mit dem Zinsfaktor β überein.

Zur Bestimmung des Gleichgewichts wird α unter den Nebenbedingungen

$$x_1 \geq 0, \quad x_2 \geq 0, \quad x_1 + x_2 > 0$$

(20) $$xB^* \geq \alpha xA$$

maximiert. An Stelle von (20) kann man schreiben

$$x_1 + \sigma x_2 \geq \alpha x_1$$
$$s x_1 \geq \alpha x_2$$

oder mit $$\xi = \frac{x_2}{x_1}$$

$$1 + \sigma \xi \geq \alpha$$

(21) $$\frac{s}{\xi} \geq \alpha\,.$$

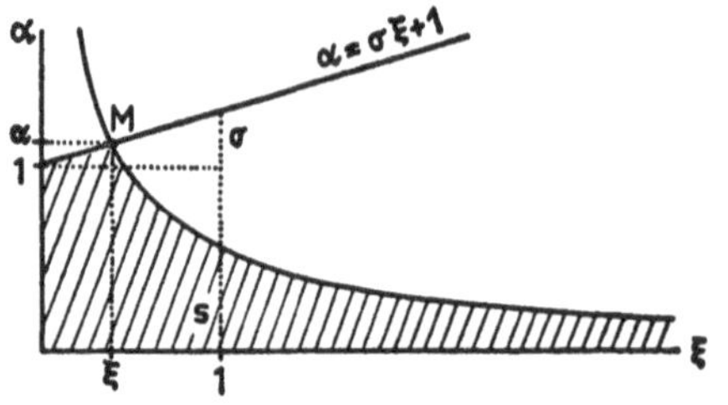

Figur 1

Durch die Nebenbedingungen wird der in *Figur 1* schraffierte Bereich beschrieben. In M hat man den größten Wert für α. Die Koordinaten von M erhält man aus den Gleichungen, die aus (21) entstehen, indem man nur die Gleichheitszeichen betrachtet; man hat

$$\xi = \frac{s}{\alpha}$$

(22) $$\alpha(\alpha - 1) = \sigma s,$$

also

(23) $$\alpha = \frac{1}{2} + \sqrt{\frac{1}{4} + \sigma s}$$

$$\frac{x_1}{x_2} = \frac{\alpha}{s}.$$

Wegen $x_1 > 0$, $x_2 > 0$ gilt in (DN 2) das Gleichheitszeichen. Man hat daher

$$\frac{y_1}{y_2} = \frac{\beta}{\sigma}$$

und

$$\beta - 1 = s\frac{y_2}{y_1}.$$

d) Vergleich der Ergebnisse

Relation (22) weicht vom Domarschen Ergebnis in der kontinuierlichen Fassung

$$\alpha = e^{s\sigma}$$

ab. Eine diskontinuierliche Fassung, in der sich wie oben der Output am Ende einer Periode nach der Kapazität zu Beginn der Periode richtet, führt zum Ergebnis (22). Die Variablen seien: K_t = Realkapitalbestand, E_t = Nettorealeinkommen, I_t = Investition, jeweils in der t-ten Periode. Entsprechend zu *Domar* hat man die Bedingungen

$$K_{t+1} - K_t = \sigma I_t$$
$$E_{t+1} = K_t$$
$$E_{t+1} - E_t = \frac{1}{s}(I_{t+1} - I_t).$$

Daraus folgt für stationäres Wachstum ($E_t = E_0 \alpha^t$)

$$E_{t+2} - E_{t+1} = \sigma s E_t,$$

man hat also

$$\alpha^2 - \alpha = \sigma s.$$

e) *Praenumerandolohnzahlung*

Entsprechend zum Marx-Morishimamodell[21] sei angenommen, daß der Lohn zu Beginn jeder Periode bezahlt wird. Die Lohnkosten sind also zu verzinsen. An Stelle von (DN 1) bis (DN 4) erhält man

$$xB \geq \overline{\alpha} x A^*$$
$$By \leq \overline{\beta} A^* y$$
$$xBy = \overline{\alpha} x A^* y$$
$$xBy = \overline{\beta} x A^* y$$

mit

$$A^* = A + C.$$

Es ist wieder (N) erfüllt:

$$A^* + B > 0.$$

Man hat also die Existenz, die Eindeutigkeit des Wachstumsfaktors und $\overline{\alpha} = \overline{\beta}$. Im Gleichgewicht ist

$$\overline{\alpha} = \frac{1 - \sigma c}{2} + \sqrt{\left(\frac{1 - \sigma c}{2}\right)^2 + \sigma} \tag{24}$$

$$\frac{y_1}{y_2} = \frac{\beta}{\sigma}$$

$$\frac{x_1}{x_2} = \frac{\sigma}{\alpha - 1}.$$

Der Vergleich von (23) und (24) ergibt $\alpha > \overline{\alpha}$.

5. Gleichförmiges Wachstum im Brandtschen 3-Sektorenmodell

a) *Die Technologie und das Konsumentenverhalten*

Brandt untersucht in seiner Arbeit „Disproportionalitäten im Aufbau des Produktionsprozesses“[22] das Wachstum einer 3-Sektorenwirtschaft. Man hat eine Aufteilung der Wirtschaft in die Güter Konsum, Investition, Rohstoffe und in die Prozesse ihrer Herstellung. Die Technologiematrizen sind bei geeigneter Normierung

[21] Vgl. M. *Morishima:* a. a. O., S. 353 ff.

[22] Erschienen in: E. *Schneider* (Herausg.): Beiträge zur Theorie der Produktion und der Einkommensverteilung. Schriften des Vereins für Socialpolitik, Bd. 12, Berlin 1956.

$$A = \begin{pmatrix} 0 & 1 & a_1 \\ 0 & 1 & a_2 \\ 0 & 1 & a_3 \end{pmatrix}, \qquad B = \begin{pmatrix} 1 & 1 & 0 \\ 0 & b & 0 \\ 0 & 1 & 1 \end{pmatrix}.$$

Die Quantitätseinheit des Konsums und der Rohstoffe ist so gewählt, daß man mit der Einheit der im betreffenden Prozeß installierten Investitionsgüter während der Produktionsperiode eine Einheit des ersten bzw. dritten Gutes herstellen kann. a_i ist das Verhältnis von Rohstoffinput zum Realkapitaleinsatz beim i-ten Prozeß. Als Normierungsgrundlage für die Prozesse dient der jeweilige Realkapitaleinsatz. $\pi = b - 1$ ist die Quantität der Investitionsgüter, die beim zweiten Prozeß mit der Einheit des Realkapitals erzeugt wird, $\pi > 0$.

c_i sei das Verhältnis des Arbeitsinputs zum Realkapitaleinsatz beim i-ten Prozeß. Es wird angenommen, daß Lohnsatz und Konsumgutpreis proportional sind. Die Arbeit läßt sich daher durch das Konsumgutäquivalent messen. Wird der i-te Prozeß mit der Intensität x_i durchgeführt, dann ist also

$$C = \sum_{i=1}^{3} c_i x_i$$

der Gesamtkonsum. Man nimmt an, daß die Lohnempfänger das gesamte Einkommen konsumieren, der Konsum der Kapitalisten bleibt unberücksichtigt. Die Löhne werden pränumerando bezahlt, die Lohnkosten sind also zu verzinsen. Das Arbeitseinkommen wird in der gleichen Periode zum Konsum verwendet.

b) Das BN-Gleichgewicht

Die Bedingungen für ein gleichgewichtiges Wachstum einer abgeschlossenen Wirtschaft bei vollständiger Konkurrenz sind hier

(BN 1) $\quad xB \geq \alpha x (A + L)$

(BN 2) $\quad By \leq \beta (A + L) y$

(BN 3) $\quad xBy = \alpha x (A + L) y$

(BN 4) $\quad xBy = \beta x (A + L) y.$

Dabei ist

$$L = \begin{pmatrix} c_1 & 0 & 0 \\ c_2 & 0 & 0 \\ c_3 & 0 & 0 \end{pmatrix}.$$

Für positive c_2, c_3, a_1, a_2 ist die Forderung (N) erfüllt:

$$B + A + L = \begin{pmatrix} 1 + c_1 & 2 & a_1 \\ c_2 & 1 + b & a_2 \\ c_3 & 2 & 1 + a_3 \end{pmatrix} > 0.$$

Man hat daher einen eindeutigen Wachstumsfaktor $\alpha = \beta$. Aus (BN 1) bis (BN 4) ergibt sich das gleichwertige System

$$xB \geq \alpha x\tilde{A} \tag{25}$$

$$By \leq \alpha \tilde{A} y \tag{26}$$

mit $\tilde{A} = A + L$. α ist das Maximum unter der Nebenbedingung (25) und das Minimum unter der Nebenbedingung (26), $x \geq 0$, $x \neq 0$, $y \geq 0$, $y \neq 0$ Man erhält im Brandtschen 3-Sektorenmodell den Wachstumsfaktor α als Wert des 2-Personen-Nullsummenspiels mit der Zahlungsfunktion

$$\Phi(x, y) = \frac{xBy}{x(A+L)y}.$$

Der maximierende Spieler kontrolliert dabei das Intensitätensystem x und der minimierende das Preissystem y.

c) Homogene Faktoreneinsätze

Es wird angenommen, das Verhältnis der Faktoreneinsätze sei für alle Prozesse gleich, also $c_1 = c_2 = c_3 = c$ und $a_1 = a_2 = a_3 = a$. Die Bedingung für eine wachsende Wirtschaft ist außer $b > 1$ die Ungleichung $a + c < 1$; sie besagt, daß die Versorgung mit Rohstoffen und Konsumgütern ausreichend ist. Der gleichgewichtige Wachstumsfaktor ergibt sich als Lösung der linearen Programmierungsaufgabe: Unter den Nebenbedingungen

$$\begin{aligned} x_1 \qquad\qquad &\geq c\alpha \\ x_1 + bx_2 + x_3 &\geq \alpha \qquad x_i \geq 0 \\ x_3 &\geq a\alpha \\ x_1 + x_2 + x_3 &= 1 \end{aligned} \tag{27}$$

ist α zu maximieren. Durch Eliminieren von x_2 erhält man das zu (27) gleichwertige System

$$\begin{aligned} x_1 &\geq c\alpha \\ b - \pi(x_1 + x_3) &\geq \alpha \\ x_3 &\geq a\alpha \\ x_1 + x_3 &\leq 1. \end{aligned} \tag{28}$$

(28) ist in *Fig. 2* dargestellt. Durch die Ungleichungen wird der Pyramidenstumpf mit den Ecken P_1, P_2, P_3, R_1, R_2, R_3 beschrieben. Wegen $c + a < 1$ liegt der Schnittpunkt R_2 der Ebenen mit den Gleichungen

$$\begin{aligned} x_1 &= c\alpha \\ x_3 &= a\alpha \\ b - \pi(x_1 + x_3) &= \alpha \end{aligned} \tag{29}$$

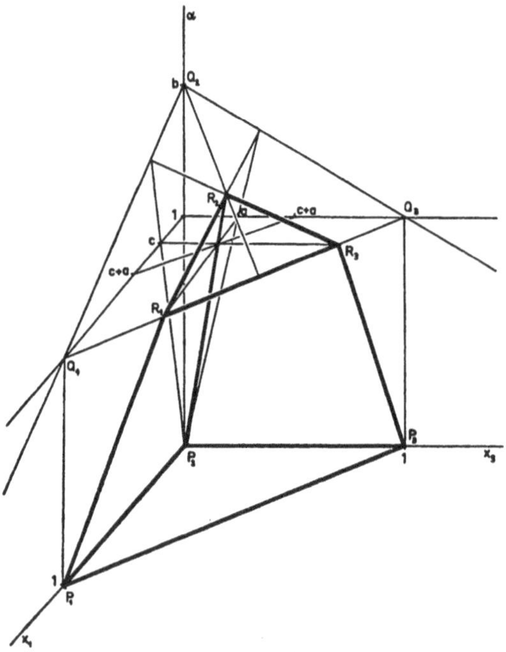

Figur 2

im Innern des Dreiecks $Q_1Q_2Q_3$. In R_2 nimmt daher α das Maximum an und es ist $\alpha > 1$. Die Werte des Maximums erhält man also durch Lösen von (29).

Es ist

$$\alpha = \frac{1 + \pi}{1 + \pi (c + a)} > 1 \tag{30}$$

$$\frac{x_3}{x_1} = \frac{a}{c}$$

$$\frac{x_2}{x_1} = \frac{\alpha - 1}{\pi c a} .$$

An Stelle von (30) hat man näherungsweise

$$\alpha - 1 = \pi (1 - a - c).$$

(BN 2) wird hier

$$\begin{aligned} y_1 + y_2 &\leq \beta (cy_1 + y_2 + ay_3) \\ by_2 &\leq \beta (cy_1 + y_2 + ay_3) \\ y_2 + y_3 &\leq \beta (cy_1 + y_2 + ay_3). \end{aligned} \tag{31}$$

Wegen $x_i > 0$ und (BN 4) gelten in (31) die Gleichheitszeichen. Man hat daher

$$y_1 = \pi y_2 = y_3$$

und

$$\frac{b}{\beta} = 1 + c\frac{y_1}{y_2} + a\frac{y_3}{y_2},$$

also $b > \beta$.

6. Die Modifikationen von Morishima

a) Vorbemerkung

In den vorangegangenen Modellen ging der Konsum, wenn man von Aggregationen absieht, in Form von Verpflegungsprozessen ein. Nach (N4) bzw. (KMT 4) werden unter den Verpflegungsprozessen nur die rentabelsten durchgeführt. Dies läßt sich als Versorgung im Existenzminimum oder zu einem vorgegebenen Satz interpretieren. Das Ergebnis, die Übereinstimmung von Wachstumsfaktor und Zinsfaktor, ist daher nicht verwunderlich.

Morishima[23] hat in seiner Arbeit eine angemessene Beschreibung des Konsums vorgenommen. Er betrachtet je eine Nachfragefunktion für „Arbeiter" und für „Kapitalisten", in denen die Konsumnachfrage der einzelnen Güter in Abhängigkeit von den Gutspreisen und den Einkommen beschrieben wird. Man hat als Ergebnis, daß die Wachstumsrate im allgemeinen kleiner als der Zinsfuß ist. Das Einkommen der Kapitalisten entsteht am Ende einer Periode. Für die Kapitalisten wird eine feste Konsumneigung vorausgesetzt. Die Arbeiter geben ihr gesamtes Einkommen für den Konsum aus. Je nach der Art der Lohnauszahlung unterscheidet *Morishima* eine *Walrasianische* und eine *Marxsche Version* seines Expansionsmodells.

Im ersten Falle entsteht das Einkommen der Arbeiter wie das der Kapitalisten am Ende der Periode und wird zu Beginn der nächsten ausgegeben. Im zweiten Fall erfolgt die Lohnauszahlung zu Beginn der Periode, in der die Arbeit eingesetzt wird. Man hat also eine entsprechende Verzinsung vorzunehmen.

b) Die Technologie

Im Gegensatz zum v. Neumannschen Expansionsmodell gibt es in der Inputmatrix eine Spalte für den Arbeitseinsatz in den einzelnen Prozessen: $L = (l_1, \ldots, l_m)'$.

Das Element l_i gibt die Quantität Arbeit für den i-ten Prozess an, falls dieser mit der Intensität 1 durchgeführt wird. Die Güterinputs (ohne Arbeit) kommen in einer (m, n)-Matrix zum Ausdruck. Die Arbeit

---

[23] Vgl. M. *Morishima:* a. a. O.

tritt nicht als Output auf. Die Güteroutputs der Prozesse werden durch eine (m, n)-Matrix B beschrieben. *Morishima* verlangt von der Technologie

	(I)	$A \geq 0,\ B \geq 0$
(M_T)	(II)	$L > 0$
	(III)	jede Spalte von B enthält wenigstens ein positives Element.

(II) besagt, daß in jedem Prozeß Arbeit verbraucht wird.

c) Die Konsumfunktionen

Der Konsum der Arbeiter bezüglich des j-ten Gutes wird mit e_j bezeichnet, $e = (e_1, \ldots, e_n)$. Das Einkommen, das den Arbeitern zur Verfügung steht (bezogen auf die Periode, in der es ausgegeben wird), sei W. Das Preissystem sei $y = (y_j)'$.

Morishima macht die folgenden Annahmen:

(a) Die Nachfrage ist von W und y abhängig:

$$e = G(W,y), \quad G — (Gj).$$

(b) Die Einkommenselastizität der Nachfrage ist für jedes Gut 1:

$$\frac{\partial G_j}{\partial W}\frac{W}{G_j} = 1 .$$

Daraus folgt

$$\int \frac{1}{G_j}\frac{\partial G_j}{\partial W}\, dW = \int \frac{dW}{W},$$

also

$$\ln G_j(W,y) = \text{const} + \ln W$$

oder

$$G_j(W,y) = W g_j(y).$$

Man hat daher mit $g = (g_j)$

$$e = Wg(y). \tag{32}$$

(c) Die Arbeiter sparen nicht:

$$W = ey.$$

Wegen (32) hat man daher

$$W = Wg(y)y.$$

Daraus folgt

$$g(y)y = 1.$$

(d) Die Funktionen G_j sind homogen vom Grade 0: Unabhängigkeit der Nachfrage von proportionalen Änderungen der Preise und des Einkommens. Für $\lambda > 0$ ist also

$$G(\lambda W, \lambda y) = \lambda W g(\lambda y) = W g(y) = G(W,y).$$

Daraus folgt

$$g(\lambda y) = \frac{1}{\lambda} g(y).$$

d_j sei die Nachfrage der Kapitalisten nach dem j-ten Gut, $d = (d_j)$. Das Einkommen, bezogen auf die Ausgabeperiode, werde mit U bezeichnet. *Morishima* macht die Annahmen:

(a')Die Nachfrage hängt vom Einkommen und dem Preissystem ab, sie ist null, wenn das Einkommen nicht positiv ist:

$$d = \begin{cases} F(U,y) & \text{für } U > 0 \\ 0 & \text{für } U \leq 0 \end{cases}$$

mit $F = (F_1, \ldots, F_n)$.

(b') Die Einkommenselastizität der Nachfrage ist für jedes Gut 1 bei positivem Einkommen:

$$d = \begin{cases} Uf(y) & \text{für } U \geq 0 \\ 0 & \text{für } U \leq 0 \end{cases}$$

oder

$$d = \max(0,U) f(y). \tag{33}$$

(c') Für positives Einkommen hat man eine feste Konsumrate c mit $0 < c < 1$. Für $U > 0$ hat man also

$$dy = cU.$$

Dies wird wegen (21)

$$Uf(y)y = cU.$$

Daraus folgt

$$f(y)y = c.$$

(d') Die F_j sind homogene Funktionen vom Grade 0, also für $\lambda > 0$

$$F(\lambda U, \lambda y) = F(U,y)$$

oder für $U > 0$

$$\lambda U f(\lambda y) = U f(y).$$

Somit ist

$$f(\lambda y) = \frac{1}{\lambda} f(y).$$

Für die Nachfragefunktionen bezüglich der Einkommenseinheit, f und g, wird vorausgesetzt:

$$(M_k)\quad \begin{array}{ll} \text{(I)} & g \geq 0,\ f \geq 0, \\ \text{(II)} & f \text{ und } g \text{ sind stetig für normierte Preissysteme,} \\ \text{(III)} & f(y)y = c,\ g(y)y = 1;\ 0 < c < 1, \\ \text{(IV)} & \text{Für alle } \lambda > 0 \text{ ist } g(\lambda y) = \frac{1}{\lambda}\, g(y) \\ & \qquad f(\lambda y) = \frac{1}{\lambda}\, f(y). \end{array}$$

d) Die Expansionsgleichgewichte

Es wird gefordert:

(a) Im Gleichgewicht expandiert die Wirtschaft (Prozesse, Güter, Nachfrage) gleichförmig mit einem gemeinsamen Wachstumsfaktor α.

(b) Im Gleichgewicht sind das Preissystem y, der Zinsfaktor β und der einheitliche Lohnsatz γ konstant.

(c) Zunächst wird angenommen, daß die benötigte Arbeit bei dem gegebenen Lohnsatz γ verfügbar ist.

(Der Lohnsatz läßt sich so bestimmen, daß im Gleichgewicht das Arbeitsangebot durch Bevölkerungswachstum mit der Nachfrage nach Arbeit übereinstimmt).

(d) Das Kapitalisteneinkommen entsteht am Ende einer Periode und wird mit der Rate c in der nachfolgenden ausgegeben.

(e) In der Walrasianischen Version entsteht das Arbeitereinkommen am Ende einer Periode und wird in der nachfolgenden ausgegeben (keine Verzinsung der Lohnkosten).

In der Marxschen Version entsteht das Arbeitereinkommen zu Beginn einer Periode und wird in dieser Periode ganz ausgegeben (Verzinsung der Lohnkosten).

Die übrigen Forderungen entsprechen (KMT 1) bis (KMT 5):

(f) Die Wirtschaft ist abgeschlossen in dem Sinne, daß der Output der Vorperiode zur Deckung des Inputs und Konsums der nachfolgenden Periode ausreicht.

(g) Die Prozesse sind profitlos.

(h) Überproduzierte Güter haben den Preis 0.

(i) Weniger rentable Prozesse werden nicht durchgeführt.

(k) Der Gesamtoutput der Wirtschaft hat einen positiven monetären Wert.

e) Die Walrasianische Version

An Stelle von (f) bis (k) kann man schreiben:

$$\begin{aligned} xB &\geq \alpha xA + \alpha e + \alpha d \\ By &\leq \beta Ay + \gamma L \\ xBy &= \alpha xAy + \alpha ey + \alpha dy \\ xBy &= \beta xAy + \gamma xL \\ xBy &> 0. \end{aligned} \tag{34}$$

Hierbei ist x das gleichgewichtige Intensitätensystem. Die Lohnkosten werden nicht verzinst.

Das in der nachfolgenden Periode verfügbare Einkommen αW der Arbeiter ist die Entlohnung für die Arbeit der Vorperiode, also

$$\alpha W = \gamma xL. \tag{35}$$

Das Kapitalisteneinkommen αU, das mit der Rate c in der nachfolgenden Periode ausgegeben wird, ist die Zinseinnahme der Vorperiode,

$$\alpha U = xBy - xAy - \gamma xL$$

oder wegen der vierten Relation von (34)

$$\alpha U = \beta xAy + \gamma xL - xAy - \gamma xL,$$

also

$$\alpha U = (\beta - 1)xAy. \tag{36}$$

Aus (32) und (35) folgt

$$\alpha e = \gamma xLg(y). \tag{37}$$

Aus (33) und (36) folgt

$$\alpha d = \max\,(0, \beta - 1)xAyf(y). \tag{38}$$

Durch Einsetzen von (37) und (38) in (34) erhält man die Gleichgewichtsbedingungen.

Definition: Ein Quadrupel (x, y, α, β) eines Intensitätensystems x, eines Preissystems y, eines Wachstumsfaktors α und eines Zinsfaktors β heißt *WM-Gleichgewicht*, wenn gilt

(WM 1) $xB \geq \alpha xA + \gamma xLg(y) + xAyf(y) \max(0, \beta - 1)$

(WM 2) $By \leq \beta Ay + \gamma L$

(WM 3) $xBy = \alpha xAy + \gamma xL + cxAy \max(0, \beta - 1)$

(WM 4) $xBy = \beta xAy + \gamma xL$

(WM 5) $xBy > 0.$

Satz 8: Ist (x, y, α, β) ein WM-Gleichgewicht mit $xAy > 0$, dann gilt

$$\beta = \alpha + \frac{c}{s} \max(0, \alpha - 1). \tag{39}$$

s ist die Sparrate der Kapitalisten, also $s + c = 1$.

(39) ist gleichwertig mit

$$\alpha = \beta \quad \text{für } \beta \leq 1$$
$$\alpha - 1 = s(\beta - 1) \quad \text{für } \beta \geq 1$$

oder

$$\alpha = \beta - c\max(0, \beta - 1).$$

In der Walrasianischen Terminologie ist

$$P = xBy - xAy - \gamma xL$$

der „Profit" und

$$K = xAy$$

das „Kapital". Nach (WM 4) ist

$$P = (\beta - 1)xAy,$$

also

$$\beta - 1 = \frac{P}{K}.$$

Man hat daher für $K > 0$, $\beta > 1$

$$\alpha - 1 = s\frac{P}{K}.$$

Die Wachstumsrate ist das Produkt aus der Sparneigung und dem Verhältnis von Profit zu Kapital.

Beweis von Satz 8: Aus (WM 3) und (WM 4) folgt

$$\alpha xAy + \gamma xL + cxAy\max(0, \beta - 1) = \beta xAy + \gamma xL,$$

also

$$(\alpha + c\max(0, \beta - 1))\, xAy = \beta xAy.$$

Wegen $xAy > 0$ ist daher

$$\beta = \alpha + c\max(0, \beta - 1).$$

Daraus folgt (39).

f) Die Marxsche Version

Die Gleichgewichtsforderungen (f) bis (k) lauten hier (die Lohnkosten werden verzinst):

$$\begin{aligned} & xB \geq \alpha xA + \alpha e + \alpha d \\ & By \leq \beta(Ay + \gamma L) \\ (40) \qquad & xBy = \alpha xAy + \alpha ey + \alpha dy \\ & xBy = \beta(xAy + \gamma xL) \\ & xBy > 0. \end{aligned}$$

Das Einkommen der Arbeiter wird in derselben Periode ausgegeben in der es entsteht, also

$$W = \gamma xL.$$

Aus (32) folgt daher

(41) $$e = \gamma x L g(y).$$

Das Einkommen der Kapitalisten αU ist erst in der nachfolgenden Periode verfügbar, es entsteht am Ende der Vorperiode:

$$\alpha U = (\beta - 1)(xAy + \gamma xL).$$

Wegen (33) hat man daher

(42) $$\alpha d = \max(0, \beta - 1)\left(xAy + \gamma xL\right) f(y).$$

Durch Einsetzen von (41) und (42) in das Relationensystem (40) erhält man die Gleichgewichtsbedingungen.

Definition: Unter einem *MM-Gleichgewicht* versteht man ein Quadrupel (x, y, α, β) eines Intensitätensystems x, eines Preissystems y, eines Wachstumsfaktors α und eines Zinsfaktors β mit den Eigenschaften

(MM 1) $$xB \geq \alpha xA + \alpha\gamma xLg(y) + \max\ (0, \beta - 1)\ (xAy + \gamma xL) f(y)$$
(MM 2) $$By \leq \beta(Ay + \gamma L)$$
(MM 3) $$xBy = \alpha xAy + \alpha\gamma xL + c\max(0, \beta - 1)(xAy + \gamma xL)$$
(MM 4) $$xBy = \beta x(Ay + \gamma L)$$
(MM 5) $$xBy > 0.$$

Satz 9: Ist (x, y, α, β) ein MM-Gleichgewicht, dann gilt

(43) $$\beta = \alpha + \frac{c}{s} \max(0, \alpha - 1).$$

Beweis: Aus (MM 5) und (MM 4) folgt

$$xAy + \gamma xL > 0.$$

Aus (MM 3) und (MM 4) folgt

$$\left(\alpha + c\max(0, \beta - 1)\right)(xAy + \gamma xL) = \beta(xAy + \gamma xL),$$

also

$$\beta = \alpha + c\max(0, \beta - 1).$$

Man hat daher

$$\alpha = \beta \qquad \text{für } \beta \leq 1$$

und

(44) $$\beta = \alpha + c(\beta - 1) \qquad \text{für } \beta \geq 1.$$

Für (44) kann man schreiben

$$\beta - 1 = \alpha - 1 + c(\beta - 1)$$

oder

(45) $$s(\beta - 1) = \alpha - 1.$$

In der Marxschen Terminologie ist

$$S = xBy - xAy - \gamma xL$$

der Mehrwert,

$$C = xAy$$

das konstante Kapital,
und

$$V = \gamma xL$$

das variable Kapital.
Nach (MM 4) ist

$$S = (\beta - 1)(C + V).$$

Die Profitrate wird daher

$$\beta - 1 = \frac{S}{C+V}.$$

Wegen (45) hat man daher für $\alpha > 1$

$$\alpha - 1 = \frac{S}{C+V}\,\frac{sS}{S}.$$

Die Wachstumsrate der Wirtschaft ist also gleich der Profitrate mal dem Verhältnis aus Kapitalakkumulation sS zu Mehrwert[24].

Morishima[25] zeigt die Existenz von WM-Gleichgewichten und MM-Gleichgewichten mit Hilfe des Fixpunktsatzes von *Eilenberg-Montgomery*[26]. Man hat zu jedem Lohnsatz eine Wachstumsrate. Der gleichgewichtige Lohnsatz wird so bestimmt, daß das Arbeitsangebot durch Bevölkerungswachstum gleich der Nachfrage ist.

Literaturverzeichnis

(1) *Balderston*, J.: Models of general economic equilibrium. In (25) 1954.
(2) *Bombach*, G.: Zur Theorie des wirtschaftlichen Wachstums. Weltw. Arch. 70, 111—165 (1953).
(3) *Brandt*, K.: Struktur der Wirtschaftsdynamik. Frankfurt 1952.
(4) *Brandt*, K.: Disproportionalitäten im Aufbau des Produktionsprozesses. In (32) 1956.
(5) *Burger*, E.: Einführung in die Theorie der Spiele. Berlin 1959.
(6) *Champernowne*, D. G.: A note on J. v. Neumann's article. Rev. Econ. Stud. 13, 10—18 (1945/46).
(7) *Domar*, E. D.: Capital expansion, rate of growth, and employment. Econometrica 14, 137—147 (1946).

[24] Vgl. K. *Marx:* Das Kapital, Kritik der politischen Ökonomie. Berlin 1947, Bd. III, S. 63, 69 ff. — B. *Fritsch:* Die Geld- und Kredittheorie von Karl Marx. Zürich 1954, S. 110 ff. — M. *Morishima:* An analysis of the capitalist process of reproduction. Metroeconomica 8, 171—185 (1956).

[25] Vgl. Morishima: a. a. O. (1960), S. 358 und S. 361.

[26] Vgl. S. *Eilenberg*, D. *Montgomery:* Fixed point theorems for multivalued transformations. Amer. J. Math. 68, 214—222 (1946).

(8) *Domar*, E. D.: Expansion and employment. Am. Econ. Rev. 37, 34—55 (1947).

(9) *Eilenberg*, S., *Montgomery*, D.: Fixed point theorems for multi-valued transformations. Amer. J. Math. 68, 214—222 (1946).

(10) *Fritsch*, B.: Die Geld- und Kredittheorie von Karl Marx. Zürich 1954.

(11) *Gale*, D.: The closed linear model of production. In (21) 1956.

(12) *Georgescu-Roegen*, N.: The aggregate linear production function and its application to v. Neumann's economic model. In (20) 1951.

(13) *Harrod*, R. F.: An essay in dynamic theory. Econ. J. 49, 14—33 (1939).

(14) *Harrod*, R. F.: Domar and dynamic economics. Econ. J. 69, 451—464 (1959).

(15) *Hicks*, J. R.: Mr. Harrod's dynamic theory. Economia 16, 106—121 (1949).

(16) *Hicks*, J. R.: A contribution to the theory of the trade cycle. Oxford 1950.

(17) *Howe*, C. W.: An alternative proof of the existence of general equilibrium in a von Neumann model. Econometrica 28, 635—637 (1960).

(18) *Karlin*, S.: Mathematical methods and theory in games, programming, and economics. Vol. I: Matrix games, programming, and mathematical economics. London-Paris 1959.

(19) *Kemeny*, J. G., *Morgenstern*, O., *Thompson*, G. L.: A generalization of the v. Neumann model of an expanding economy. Econometrica 24, 115—135 (1956).

(20) *Koopmans*, T. C. (Herausg.): Activity analysis of production and allocation. New York-London 1951.

(21) *Kuhn*, H. W., *Tucker*, A. W. (Herausg.): Linear inequalities and related systems. Princeton 1956.

(22) *Malinvaud:* E.: Programmes d'expansion et taux d'intérêt. Econometrica 27, 215—227 (1959).

(23) *Marx*, K.: Das Kapital, Kritik der politischen Ökonomie. Band III. Berlin 1947.

(24) *Menger*, K. (Herausg.): Ergebnisse eines Mathematischen Kolloquiums. Hefte 6—8. Leipzig-Wien 1935—1937.

Montgomery, D.: s. (9).

(25) *Morgenstern*, O. (Herausg.): Economic activity analysis. New York-London 1954.

Morgenstern, O.: s. (19).

(26) *Morishima*, M.: An analysis of capitalist process of reproduction. Metroeconomica 8, 171—185 (1956).

(27) *Morishima*, M.: Economic expansion and the interest rate in generalized v. Neumann models. Econometrica 28, 352—363 (1960).

(28) *v. Neumann*, J.: Über ein ökonomisches Gleichungssystem und eine Verallgemeinerung des Brouwerschen Fixpunktsatzes. In (24) Heft 8, 1937.

v. Neumann, J.: (Übersetzung von (28)): A model of general economic equilibrium. Rev. Econ. Stud. 13, 1—9 (1945/46).

(29) *Preiser*, E.: Nationalökonomie heute. München 1959.

(30) *Preiser*, E.: Wachstum und Einkommensverteilung. Sitzungsberichte der Heidelberger Akademie der Wissenschaften. Heidelberg 1961.

(31) *Schlesinger*, K.: Über die Produktionsgleichungen der ökonomischen Wertlehre. In (24) Heft 6, 1935.

(32) *Schneider*, E.: (Herausg.): Beiträge zur Theorie der Produktion und der Einkommensverteilung. Schriften des Vereins für Socialpolitik, Bd. 12. Berlin 1956.

(33) *Schneider*, E.: Einführung in die Wirtschaftstheorie. III. Band: Geld, Kredit, Volkseinkommen und Beschäftigung. 5. Aufl., Tübingen 1959.

(34) *Thompson*, G. L.: On the solution of a game-theoretic problem. In (21) 1956.

Thompson, G. L.: s. (19).

Tucker, A. W.: s. (21).

(35) *Wald*, A.: Über die eindeutige positive Lösbarkeit der neuen Produktionsgleichungen. In (24) Heft 6, 1935.

(36) *Wald*, A.: Über die Produktionsgleichungen der ökonomischen Wertlehre (II). In (24) Heft 7, 1936.

(37) *Wald*, A.: Über einige Gleichungssysteme der mathematischen Ökonomie. Z. f. Nat. Ök. 7, 637—670 (1936).

Optimales Wachstum und Gleichgewichtswachstum

Von Prof. Dr. Gottfried Bombach

A. Der Gleichgewichtsbegriff

Das von Professor *Henn* vorgetragene v. Neumannsche Modell einer expandierenden Wirtschaft hat in der modernen Wachstumsforschung bisher kaum Beachtung gefunden. Selbst in umfassenden Darstellungen der neueren Entwicklung der Wachstumstheorie wird es oft nicht einmal erwähnt. Der Brückenschlag zu den Modellen vom Domar-Harrod-Typ jedenfalls fehlt noch vollkommen. Dies ist umso erstaunlicher, als auch das v. Neumannsche System auf die Beschreibung einer sich *im Gleichgewicht entwickelnden Wirtschaft* abzielt. Unter den Neumannschen Hypothesen herrscht, wie uns vorgeführt wurde, Gleichgewicht dann, wenn die *Wachstumsrate des Systems gleich dem Zinssatz* ist.

Auf die Systeme vom Domar-Harrod-Typ läßt sich der Gleichgewichtsbegriff der Wirtschaftstheorie ohne weiteres anwenden. Wir brauchen lediglich die absoluten Größen durch ihre Wachtumsraten zu ersetzen: Gleichgewicht herrscht, wenn die Wirtschaftsubjekte die antizipierten Zuwachsraten in Erfüllung gehen sehen[1]. Wir haben es mit theoretischen Denksystemen zu tun, in denen statt der Variablen selbst nur noch *Beziehungen zwischen den Variablen* (Lohnquote, Profitquote, Investitionsquote, usw.) und eben die *Wachstumsraten dieser Variablen* erscheinen. Diese Modelle sind ein Spiegelbild des Denkens unserer Zeit. Fragte man zur Zeit der Großen Krise, als *Keynes* die moderne Theorie des Einkommens schuf, nach dem Vollbeschäftigung garantierenden Einkommens*niveau* und den Bedingungen seiner Stabilisierung, so interessieren heute in erster Linie die Determinanten der Zuwachsraten des Einkommens und die Bedingungen der *Stabilisierung des Wachstums:* hohes und stetiges Wachstum ist das erklärte Ziel der Wirtschaftspolitik. Das Denken der Menschen kreist nicht mehr um

---

[1] In den Absolutgrößen wird ein Gleichgewicht im herkömmlichen Sinne — Gleichgewicht beinhaltet ja, daß die Wirtschaftssubjekte keine Veranlassung sehen, ihre Pläne zu revidieren: die Variablen verhalten sich stationär — natürlich nicht mehr erreicht. Betrachtet man Absolutgrößen, so ergeben sich explodierende Systeme. In der sich im Gleichgewicht entwickelnden Wirtschaft halten die Unternehmer an den *Wachstumsraten* der Vergangenheit fest.

bestimmte Niveaus und Plafonds, denen in einer sich entwickelnden Wirtschaft wenig Bedeutung zukommt — in der Tat hat das Plafonds-Denken bis in die jüngste Zeit ständig Verwirrung gestiftet —, sondern um Wachstumsraten. Man registriert mit größter Aufmerksamkeit die *Änderungen der Zuwachsraten,* nicht mehr Abweichungen von bestimmten (stationären) Niveaus. Die Menschen haben gelernt, im Bereich des Wirtschaftlichen in zweiten Ableitungen zu denken, nicht mehr in ersten Ableitungen. Ein Rückgang der Zuwachsrate des Realproduktes von 7 vH auf 5 vH — im Vergleich zu früher immer noch ein sehr hoher Wert — löst, wie die jüngsten Erfahrungen zeigen, bereits Alarmrufe aus. Der einzelne Lohnempfänger, der eine Zeit lang jährliche Lohnsteigerungen von 10 vH erhalten hat, wird unzufrieden sein, wenn es einmal weniger sind.

Natürlich ist diese makroökonomische Theorie der Quoten und Zuwachsraten keine neue Errungenschaft. Wir wissen, welche zentrale Rolle die verschiedenen „Raten" in dem System von *Marx* spielen, der seinerseits auf die klassische Nationalökonomie zurückgreift. Unnötig zu sagen, daß vor allem auch die Distributionstheorie der Natur der Sache nach eine Theorie der Quoten sein muß. So ist es kein Wunder, daß sich heute eine Synthese von Wachstums- und Distributionstheorie vollzieht.

Viel schwieriger ist es, das v. Neumannsche Wachstumsgleichgewicht in die allgemeine Gleichgewichtsökonomik einzuordnen. Schwierig vor allem deshalb, weil v. Neumann selbst und auch andere Oekonomen, die das Modell erweiterten, nicht deutlich genug sagten, was das Modell bezweckt: soll es ein Abbild der Wirklichkeit sein oder handelt es sich um ein Optimierungsmodell? *Kemeny, Morgenstern* und *Thompson* geben eine Interpretation als spieltheoretisches Modell, was auf ein Optimierungsproblem hindeutet[2]. An einer anderen Stelle des gleichen Beitrages wird auf das dynamische Leontief-System Bezug genommen, welches sich als Spezialfall des Neumann-Modells darstellen läßt (S. 133 f.). Aus dieser Sicht könnte man an den Begriff des *balanced growth* denken: ein Wachstum unter Aufrechterhaltung des strukturellen Gleichgewichts der Wirtschaft, ein Wachstum ohne Engpaßprobleme und ohne Überkapazitäten an irgend einer Stelle. In einer etwa gleichzeig erschienenen Veröffentlichung sagen *Kemeny, Snell* und *Thompson,* daß das Neumann-Modell oft mehr als ein *Realmodell* verstanden wird: "For the present many economists consider the von Neumann Model to be a reasonable approximation of reality[3]."

---

[2] A Generalization of the von Neumann Model of an Expanding Economy. Econometrica, Bd. 24 (1956), S. 115.

[3] Introduction to Finite Mathematics. Prentice-Hall, Englewood Cliffs, 1956/57, S. 353.

Wir stehen in der Wachstumstheorie heute vor einer Vielfalt von Begriffen: Gleichgewichtswachstum im Sinne der Domar-Harrod-Modelle, *balanced growth* (bislang noch nicht einheitlich definiert), natürliche Wachstumsrate, Wachstum im *Golden Age* im Sinne von *J. Robinson*, optimales Wachstum, und schließlich wird von einer „Entwicklung im Gleichgewichtszustand" auch in der modernen makroökonomischen Produktionstheorie gesprochen, womit aber lediglich jener Endzustand gemeint ist, der bei gegebenem (konstanten) Wachstum des Arbeitspotentials erreicht wird, wenn die Investitionsquote genügend lange (theoretisch gesehen unendlich lange: es handelt sich um ein Konvergenzproblem) unverändert geblieben ist[4]. Es erscheint notwendig, diese Begriffe zu ordnen und nach Parallelitäten zu suchen. Dieser Beitrag und insbesondere der von *v. Weizsäcker* verfaßte Anhang befassen sich in erster Linie mit dem Problem der *optimalen Zuwachsrate*. Es geht nicht um ein Real- sondern ein Dezisionsmodell. Würde man immer klar zwischen diesen beiden grundverschiedenen Modelltypen unterscheiden, so wäre schon viel zur Vermeidung eines Begriffswirrwars beigetragen.

Ebenso wie im Neumann-Modell spielt bei den von *v. Weizsäcker* entwickelten Ableitungen der Zusammenhang zwischen Zinssatz und Wachstumsrate eine Rolle, und es ist interessant zu sehen, daß man von verschiedenartigsten Ansätzen her immer wieder auf diesen Zusammenhang stößt, dem *Schumpeter* in seinen frühen Werken so große Bedeutung beigemessen hatte[5].

B. Zeitpräferenz und Investitionsoptimum

Jedes Wirtschaftssubjekt hat eine Entscheidung über die Aufteilung seines Einkommens in einer bestimmten Periode auf Gegenwartskonsum und zukünftigen Konsum zu treffen. Das Resultat dieser Entscheidungen kommt in den individuellen Sparneigungen zum Ausdruck, die sich zu einer Sparfunktion der Gesamtheit aggregieren lassen. Die makroökonomische Sparfunktion zeigt somit an, wie die Gemeinschaft das Gesamteinkommen auf Gegenwart und Zukunft verteilt.

---

4 Methoden zur Vorausschätzung der Wirtschaftsentwicklung auf lange Sicht, Bericht einer Sachverständigengruppe, Statistisches Amt der Europäischen Gemeinschaften, Luxemburg/Brüssel, 1961, S. 620.

5 Durch geringfügige Umformulierung der im Zusammenhang mit verteilungstheoretischen Fragestellungen vom Verf. entwickelten Formeln läßt sich der Zusammenhang zwischen Zins und Wachstumsrate auch vom kreislauftheoretischen Ansatz her aufzeigen: „Die verschiedenen Ansätze der Verteilungstheorie", in: Einkommensverteilung und technischer Fortschritt, Schriften des Vereins für Socialpolitik, Neue Folge, Bd. 17 (1959), insbes. S. 131 ff.

Betrachten wir einen *Gleichgewichtszustand,* so ist mit der Sparquote auch die Investitionsquote bestimmt. Die Investitionsquote ihrerseits determiniert die Wachstumsrate. Stellen wir uns auf den Standpunkt der neoklassischen Nationalökonomie, so ergibt sich folgende einfache Kausalkette: die individuellen Sparneigungen bestimmen die Gesamtersparnis, die Gesamtersparnis bestimmt den Zins, und der Zins steuert die Investitionstätigkeit. Wir brauchen dieser Kausalkette nur noch die Fundamentalbeziehung der modernen Wachtumstheorie, den Zusammenhang zwischen Investitionsquote und Zuwachsrate des Sozialproduktes, zuzufügen, um bei einer Theorie anzulangen, nach der die einzelnen Haushalte durch ihre Sparentscheidungen den Wachstumspfad festlegen. Es ist ein Wachstum im Gleichgewicht, und wir müßten es nach der liberalen Konzeption als optimales Wachstum bezeichnen, weil es die individuellen Präferenzen der zeitlichen Verteilung des Einkommens widerspiegelt.

Wir wissen heute, welche Glieder dieser Kausalkette schwach sind. Dennoch ist es interessant zu sehen, wie sich mit dem Instrumentarium der neoklassischen Lehre, in der das Wirtschaftswachstum eine so untergeordnete Rolle gespielt hat, sehr wohl eine leistungsfähige Wachstumstheorie entwickeln läßt, wenn man nur die schwachen Glieder eliminiert. *J. E. Meade* hat dafür den Beweis geführt[6].

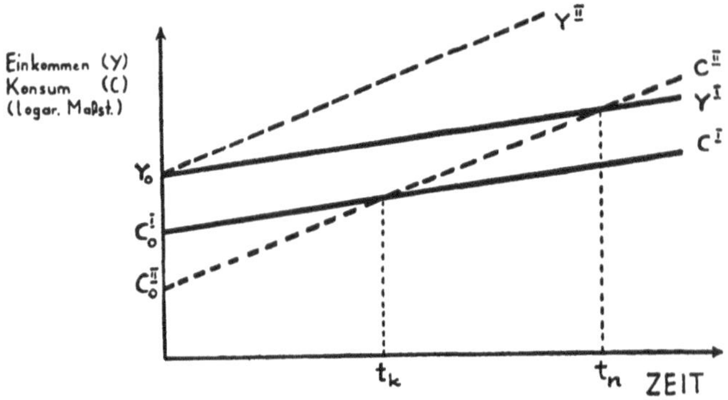

Abb. 1

Nehmen wir an, es würden, wie in Abb. 1 dargestellt, einer Volkswirtschaft zwei Alternativen zur Wahl stehen. Alternative I besteht in einer niedrigen Investitions- und damit hohen Konsumquote, Alternative II umgekehrt in einer hohen Investitions- und niedrigen Konsumquote. An den einmal gewählten Quoten soll im Zeitablauf festgehalten werden und der *Kapitalkoeffizient in der Zeit konstant und für beide Alternativen gleich groß* sein. Es ergeben sich zeitlich konstante Zuwachsraten für Einkommen und Konsum. Bis zum Zeitpunkt t_k ist bei

[6] A Neo-Classical Theory of Economic Growth. London 1961.

Alternative I trotz niedriger Zuwachrate von Einkommen und Konsum (beide wachsen natürlich mit gleicher Rate) das Konsumniveau ständig höher. Danach aber ist wegen des schnelleren Wachstums Alternative II überlegen: obgleich nach wie vor ein größerer Bruchteil des Sozialproduktes der Kapitalbildung zugeführt wird, stehen *ad infinitum* zugleich auch mehr Konsumgüter zur Verfügung. Die Diskrepanz vergrößert sich absolut und relativ, und vom Zeitpunkt t_n ab übersteigt der Konsum unter I sogar das gesamte Sozialprodukt unter II.

Nur welfare-theoretisch läßt sich beantworten, welcher der beiden Alternativen — in der Realität gibt es natürlich unendlich viele Alternativen — der Vorzug zu geben ist. Man benötigt eine *Zeitpräferenzfunktion,* die zum Ausdruck bringt, ob die Gemeinschaft mehr Wert auf ein hohes Konsumniveau in der Gegenwart und nahen Zukunft legt, oder ob sie „entwicklungsbewußt" ist und an die Zeit nach t_k denkt. Keiner der bislang vorgeführten Versuche einer welfare-theoretischen Lösung des Problems der optimalen Wachstumsrate vermag jedoch zu überzeugen. Zu denken ist insbesondere an den Beitrag von *J. Tinbergen,* der selbst das Scheitern des Versuchs eingestehen muß[7]. Das kaum lösbare Problem der Aggregation von individuellen Nutzenfunktionen ist seit *Little* und *Arrow* bekannt. Bekannt sind auch die Schwierigkeiten des Einbaus von Kollektiventscheidungen in eine individualistisch orientierte Welfare-Theorie, und gerade die Ersparnisbildung wird ja heute in so entscheidendem Maße durch die Gestaltung der öffentlichen Haushalte und der Nebenfisken (insbes. Sozialversicherung) mitbestimmt. Erinnern wir uns daran, daß in der Bundesrepublik Jahre hindurch etwa die Hälfte der Gesamtersparnis aus Überschüssen öffentlicher Haushalte bestand, die sich in einer auf der individuellen Entscheidungsfreiheit basierenden Welfare-Theorie nur mit gekünstelten, unglaubhaften Konstruktionen unterbringen lassen. Wollte man heute, wie es einst *Frisch* getan hat, Zeitpräferenzfunktionen aus Haushaltsstudien ökonometrisch bestimmen, so würde man ja nur den Bereich erfassen, der dem Individuum an Gestaltungsfreiheit noch belassen ist. Die Aufgabe der Altersfürsorge ist ihm vom Staat weitgehend (und zwangsweise) abgenommen worden; das Bewußtsein, daß der moderne Wohlfahrtsstaat in Notsituationen jeglicher Art hilft, beeinflußt entscheidend die individuellen Präferenzfunktionen. Die „wahren" Präferenzen lassen sich überhaupt nicht mehr erforschen.

Ein Problem besonderer Art tritt bei der Zeitpräferenzfunktion hinzu. Das Individuum hat ja nicht nur für sich selbst über die Aufteilung in Gegenwartskonsum und *eigenem* Konsum in der Zukunft zu entscheiden, sondern mit der Wahl einer bestimmten Investitionspolitik

---

[7] Optimum Savings and Utility Maximisation over Time. Econometrica, Bd. 28 (1960).

wird immer auch über die wirtschaftliche Situation späterer Generationen entschieden. Die individuelle Präferenzfunktion als Grundlage einer Optimierungstheorie, die es mit einer zeitlichen Verteilung des Einkommens des Individuums für sich selbst zu tun hat, mag man akzeptieren, wenn nach den bisherigen Erfahrungen auch größte Zweifel bestehen, ob es jemals möglich sein wird, eine solche Theorie operationell zu gestalten. Eine langfristige Entwicklungspolitik aber auf eine solche aggregierte Zeitpräferenzfunktion zu stützen, das Schicksal kommender Generationen also ganz den Sparentscheidungen der Menschen von heute anzuvertrauen: wer würde sich für eine so naive Vorstellung noch ernsthaft einsetzen?

C. Übervereinfachte Produktionstheorie: der konstante Kapitalkoeffizient

Unsere Kritik zielte zunächst nur auf die Zeitpräferenzfunktion ab. Man muß jedoch fragen, ob die bislang erzielten, nicht glaubwürdigen Lösungen nur an inadäquaten Präferenzfunktionen hängen. Eine nähere Untersuchung der Ableitungen von *Tinbergen* zeigt, daß eine übervereinfachte Produktionstheorie — eine Produktionstheorie ist natürlich für die Lösung des Optimierungsproblems immer erforderlich — für das merkwürdige Resultat, nach dem die Gemeinschaft bei Anwendung der von *Frisch* ermittelten Präferenzfunktionen am besten am Existenzminimum lebt, mindestens im gleichen Maße verantwortlich ist.

Abb. 1 liegt die Hypothese zugrunde, daß der Kapitalkoeffizient zeitlich invariant und unabhängig von der Investitionsquote (damit auch unabhängig von der Wachstumsrate) ist. Diese oft gar nicht genügend klar ausgesprochene Hypothese wird heute noch weitgehend akzeptiert. Unter dem Eindruck der Domar-Harrod-Modelle hat man sich daran gewöhnt, in Kategorien des konstanten Kapitalkoeffizienten zu denken. Doch muß man wissen, daß der konstante Kapitalkoeffizient bei *Domar* zunächst nichts weiter als eine Modellannahme und keine Aussage über die Realität war. Wie nicht selten, ist eine Modellannahme aber nach und nach zu einer Aussage über Fakten geworden[8].

Es lassen sich beliebig viele Beispiele anführen, die zeigen, daß die Arithmetik des tautologischen Ansatzes der modernen Wachstumstheorie, nach welcher die *Wachstumsrate proportional der Investitionsquote* ist, heute noch die wachstumspolitischen Diskussionen beherrscht, insbesondere auch im Zusammenhang mit der Entwicklungsländer-

---

[8] Auch *Tinbergen* legt einen konstanten Kapitalkoeffizienten zugrunde, und zwar offenbar einfach mit der Absicht, die Rechnungen nicht zu kompliziert werden zu lassen.

problematik. Es gibt nach dieser Konzeption eine *maximale Wachstumsrate,* die dann erreicht wird, wenn die *Bevölkerung am Existenzminimum lebt.* Man verweist üblicherweise auf die Ostländer. Dies sei jedoch, so geht die Argumentation weiter, kein vernünftiges Ziel. Das Optimum liege irgendwo unterhalb dieses Maximums. Langfristige Maximierung des Sozialproduktes selbst und des Konsums fallen nach dieser einfachen Produktionstheorie zusammen. So z. B. *M. Dobb:* „... in a longer period view, what maximises the rate of increase of investment will *maximise also* the rate of growth both of employment and of consumption, and will accordingly make the absolute level of consumption and employment greater than this would have been under policies aiming at their short-period maximisation[9]."

Die Vorstellung von der Konstanz des Kapitalkoeffizienten knüpft natürlich auch an die statistischen Beobachtungen an, die gezeigt haben, daß die Schwankungen sich in vergleichsweise engen Grenzen hielten. Doch muß man wissen, daß diese Beobachtungen sich auf Zeiträume beziehen, in welchen es eine wachstumsbewußte Wirtschaftspolitik nicht gegeben hat und die Investitionsquote im langfristigen Durchschnitt relativ stabil geblieben ist.

Die aus einer solchen Epoche abgeleiteten Parameter überträgt man nun in ein Dezisionsmodell und läßt Variationen zu, die weit außerhalb des historisch beobachteten Schwankungsbereichs liegen. Eine Verdoppelung der Investitionsquote, so glaubt man etwa, werde auch zu einer Verdoppelung der Wachstumsrate führen. Die neueren, sich auf makroökonomische Produktionsfunktionen stützenden Analysen führen jedoch zu ganz anderen Resultaten. Sie lassen damit zugleich auch das hier zur Diskussion stehende Optimierungsproblem in anderem Lichte erscheinen. *Liegt bei der in Abb. 1 wiedergegebenen Konstellation die ganze Last der Bestimmung des Investitionsoptimums auf der Welfare-Theorie, so wird das Problem durch eine realistische Produktionstheorie wesentlich eingeengt.* Wichtige Aussagen lassen sich machen, ohne daß überhaupt zur Zeitpräferenzfunktion Zuflucht genommen werden muß.

D. Makroökonomische Produktionsfunktionen

Die bekannte Schwäche des im vorangegangenen Abschnitt diskutierten Ansatzes liegt darin, daß nur einer der beiden Produktionsfaktoren, das Realkapital, in die Betrachtungen einbezogen wird. Definieren wir die Produktionselastizität des Kapitals (Y = reales Sozialprodukt, X = Realkapitalbestand)

---

[9] Some Problems in the Theory of Growth and Planning Policy. Kyklos, Bd. 14 (1961), S. 138 (Hervorhebung im Original).

$$\varepsilon_K = \frac{dY}{Y} : \frac{dX}{X} = \frac{dY}{dX} : \frac{Y}{X}, \tag{1}$$

so können wir sagen, daß mit der Hypothese des konstanten Kapitalkoeffizienten vorausgesetzt wird, daß $\varepsilon_k = 1$ sei. Grenz- und Durchschnittsproduktivität des Kapitals sind einander gleich. ε_k ist die totale Produktionselastizität des Kapitals.

Die Werte für die partielle Produktionselastizität des Kapitals, die von den seit den frühen 30er Jahren in der Verteilungstheorie erfaßten Makroproduktionsfunktionen her bekannt sind, liegen wesentlich unter Eins, nämlich zwischen einem Viertel und einem Drittel. Es lag somit nahe, die Frage nach der optimalen Wachstumsrate auf Basis eben dieser Produktionsfunktionen, die seit der Mitte der 50er Jahre in der Wachstumstheorie eine so bedeutende Rolle spielen, erneut zu überdenken.

Bezeichnen wir den Produktionsfaktor Arbeit mit L, so lautet die Cobb-Douglas-Funktion, von der wir zunächst ausgehen,

$$Y = c \cdot L^n \cdot X^m \cdot e^{bt}. \tag{2}$$

n und m sind die partiellen Produktionselastizitäten, b die Rate des sich stetig in der Zeit vollziehenden technischen Fortschritts und c eine Niveaukonstante. Die Wachstumsrate des Einkommens ergibt sich additiv aus drei Komponenten

$$\frac{\dot{Y}}{Y} = n\frac{\dot{L}}{L} + m\frac{\dot{X}}{X} + b. \tag{3}$$

Betrachten wir ferner den technischen Fortschritt als autonom und das Wachstum der Arbeitsbevölkerung als konstant, so läßt sich zusammenfassen $n\frac{\dot{L}}{L} + b = \frac{\dot{a}}{a}$ und somit schreiben

$$\frac{\dot{Y}}{Y} = \frac{\dot{a}}{a} + m\frac{\dot{X}}{X}. \tag{4}$$

Das Sozialprodukt selbst bestimmt sich nach

$$Y = a(t) \cdot X^m. \tag{5}$$

Bei gegebener (partieller) Produktionselastizität des Kapitals m hängt die Wachstumsrate des Sozialprodukts nur noch von der Rate der Kapitalbildung ab, wegen a (t) jedoch in fundamental anderer Weise wie unter der Annahme $\varepsilon_k = 1$. Die von *v. Weizsäcker* in Abschnitt IV abgeleiteten Theoreme stützen sich auf eine Funktion vom Typ (5). Es muß jedoch betont werden, daß sich die Beweisführung auch auf viel allgemeineren Relationen aufbauen läßt.

Betrachten wir zuerst, welcher Art die Zusammenhänge zwischen Investitionsquote und Wachstumsrate des Sozialproduktes unter Anwendung von (4) bzw. (5) sind. Auf die etwas langwierigen Ableitungen wird verzichtet; sie sind in dem Bericht der Brüsseler Sachverständigengruppe (a.a.O., S. 619 ff.) wiedergegeben. Es zeigt sich das auf den ersten Blick erstaunliche Resultat, daß die *Zuwachsrate des Sozialproduktes, wenn die Investitionsquote genügend lange positiv und konstant war, unabhängig von der Höhe der Investitionsquote ist.* Der Brüsseler Bericht bringt Zahlenbeispiele für das Hineinwachsen in ein solches „Endgleichgewicht". Die Gleichgewichtsrate nach dieser Definition hängt nur noch ab von der Wachstumsrate der Arbeiterbevölkerung, dem technischen Fortschritt und den Faktorelastizitäten. Sie ist identisch mit *Harrods natürlicher Wachstumsrate,* die bei ihm zugleich auch die optimale Zuwachsrate ist: „Natural Growth ... is conceived as a welfare optimum, in which resources are fully employed and the best available technology used[10]." Offensichtlich besteht auch eine enge Verwandtschaft zum Gleichgewichtswachstum im Neumann-Modell.

Die hier zugrunde gelegte Produktionstheorie führt offenbar zu einem diametral entgegengesetzten Ergebnis wie die Hypothese des konstanten Kapitalkoeffizienten. Konnte dort die Wachstumsrate des Sozialproduktes durch eine Variation der Investitionsquote beliebig vergrößert oder vermindert werden, so ist sie nunmehr im Endzustand von der Investitionsquote vollkommen unbeeinflußt. Die Zusammenhänge gibt Abb. 2 wieder. Angenommen, bis zum Zeitpunkt t_a habe sich das System entlang des durch die natürliche Wachstumsrate W_N vorbestimmten Pfads bewegt. Nunmehr werde plötzlich die Investitionsquote stark erhöht. Die Wachstumsrate wird kräftig zunehmen, und zwar bei einem sich zunächst nur unerheblich ändernden Kapitalkoeffizienten. Nach der Hypothese des konstanten Kapitalkoeffizienten müßte sie

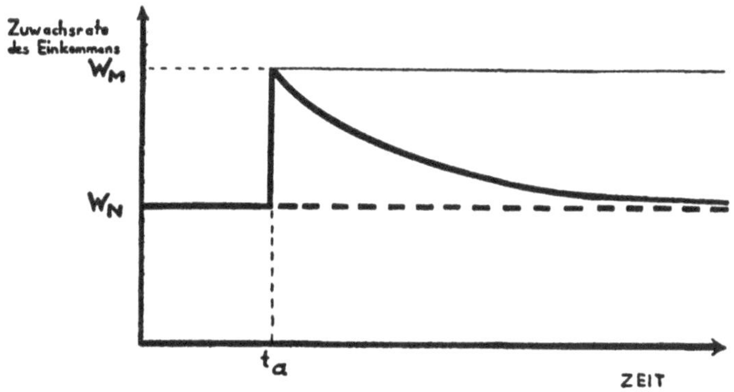

Abb. 2

[10] Second Essay in Dynamic Theory. Economic Journal, Bd. 70 (1960), S. 279.

ständig auf dem neuen Niveau W_M verbleiben. Unter Anwendung von (5) jedoch beginnt sie sofort abzunehmen; sie konvergiert gegen die Ausgangsrate W_N. Der Kapitalkoeffizient steigt im Zeitablauf entsprechend. Im Endzustand ist nicht mehr die Wachstumsrate, sondern der Kapitalkoeffizient eine lineare Funktion der Investitionsquote!

Nun wird man sofort einwenden, daß dieses Ergebnis für praktische Entscheidungen nicht sonderlich interessant sei, weil, wie die Beispiele der Brüsseler Studie zeigen, der Konvergenzprozeß sehr lange dauert. Durch die lange Jahre hindurch höhere Rate wird ein großer Wachstumsvorsprung erzielt. Der neue Gleichgewichtspfad verläuft trotz einer am Ende wieder gleichen Rate — die *Investitionsquote determiniert*, konträr zum Domar-Modell, jetzt *nicht mehr die Zuwachsrate, sondern die Niveaulage des Wachstumspfades* — ständig über dem alten Pfad. Der Abstand vergrößert sich, absolut betrachtet, sogar ständig.

Dies ist alles richtig, solange man nur den Wachstumspfad des Sozialproduktes betrachtet. Der Sinn des Wirtschaftens besteht jedoch nicht in der Erzielung eines hohen Sozialproduktes, sondern eines hohen Konsumstandards, sofern man nicht die Forcierung der Sozialproduktentwicklung zum Selbstzweck erhebt.

v. Weizsäcker geht vernünftigerweise davon aus, daß das Ziel der Wirtschaftspolitik in einer langfristigen Maximierung des Teils des Sozialproduktes besteht, der den Haushalten in Gestalt von Konsumgütern zufließt. Dabei ist es natürlich erforderlich, den Staatsverbrauch problemadäquat in „Endverbrauch" und „Vorleistungen" aufzugliedern, ein altes Thema, das uns hier nicht interessieren soll.

Es wird nunmehr also nicht mehr nach der Zuwachsrate von Y, sondern derjenigen von $(Y—\dot{X})$ gefragt. Erhöht man $\dot{X}$, so steigt zwar die Wachstumsrate von Y, zugleich wird aber auch der Konsum wegen der vermehrten Investitionstätigkeit eingeschränkt. Die Produktionsfunktionen in diesem Abschnitt beinhalten eine abnehmende Grenzproduktivität des Kapitals. Mit sukzessiver Erhöhung der Kapitalbildungsrate wird der Wachstumsgewinn immer geringer, und es leuchtet ein, daß es immer ein *langfristiges Konsumniveau* gibt, welches durch eine *weitere Forcierung der Investitionstätigkeit nicht mehr überschritten werden kann:* der Wachstumsgewinn durch die zusätzlichen Investitionen wird aufgesogen durch die Investitionen selbst. Die Investitionstätigkeit unterliegt „Ertragsgesetzen", deren Existenz bei der Hypothese des konstanten Kapitalkoeffizienten geleugnet wird.

v. Weizsäcker zeigt, daß das maximale Konsumniveau dann erreicht wird, wenn die *Investitionsquote gleich der partiellen Produktionselastizität des Kapitals* ist; die Zuwachsrate des Kapitals ist dann gerade gleich seiner Grenzproduktivität. Akzeptiert man die Grenzproduktivitätstheorie der Verteilung, nach der die Produktionsfaktoren mit ihren Grenzerträgen entlohnt werden, so läßt sich auch sagen, das maximale Konsumniveau sei realisiert, wenn die *Zuwachsrate des Realkapitalbestandes gleich dem Zinssatz* ist.

Wir suchten jedoch nicht nach der maximalen, sondern nach einer optimalen Zuwachsrate. Das Optimierungsproblem ist aber nunmehr schon weitgehend eingeengt. Man wird sofort einsehen, daß jede *höhere* als die hier bestimmte *Investitionsquote sinnlos ist.* Sie würde zwar vorübergehend zu einem schnelleren Sozialproduktwachstum, hingegen ständig zu einem niedrigeren Konsumvolumen führen. Das mit Abb. 2 angedeutete Entscheidungsproblem ist eliminiert: der Wachstumsgewinn während des Konvergenzprozesses kommt nicht dem Konsum zugute; die über die optimale Investitionsrate hinausgehenden Investitionen sind Investitionen um ihrer selbst willen. Mit einer niedrigeren Investitionsquote allerdings ließe sich *auf kurze Sicht* ein höherer Konsumstandard verwirklichen. Insofern bleibt ein Zeitpräferenzproblem bestehen, das sich jedoch, wie *v. Weizsäcker* in seiner Dissertation gezeigt hat, soweit einengen läßt, daß man die aus (5) abgeleitete maximale Wachstumsrate des Konsums mit einigem Recht zugleich als optimale Wachstumsrate bezeichnen kann. Damit wäre sogleich die optimale Investitionspolitik bestimmt.

Im Optimum ist die Zuwachsrate des Sozialproduktes gleich der natürlichen Zuwachsrate im *Harrod*schen Sinn. Beachten wir jedoch, daß erst durch die Maximierung des Konsums eine *eindeutige* Lösung gefunden werden konnte. Im Endgleichgewicht kann die einer bestimmten Produktionsfunktion immanente natürliche Wachstumsrate durch unendlich viele Investitionspolitiken realisiert werden; jeder entspricht ein ganz bestimmter Kapitalkoeffizient. Nur eine einzige Investitionspolitik jedoch führt zu langfristig maximalem Konsum. Damit gibt es auch einen „optimalen" Kapitalkoeffizienten.

E. Möglichkeiten einer Verallgemeinerung

Kürzlich publizierte E. *Phelps* eine kurze Abhandlung, bescheiden unter die „Communications" eingereiht, die sich kritisch, ja beinahe sarkastisch, mit Produktionsfunktionen auseinandersetzt, in denen explicite der technische Fortschritt erscheint, mit denen also vorausgesetzt wird, daß sich Bewegungen *entlang* der Funktion von *Verschiebungen* der Produktionsfunktion (das eben ist der technische Fortschritt) eindeutig trennen lassen[11]. Wachstumstheoretische Betrachtungen auf der

[11] The Golden Rule of Accumulation: A Fable for Growthmen. American Economic Review, Bd. 51 (1961), S. 639—643. Mit dem Terminus „Growthmen" wird offenbar auf eine Studie von C. *Clark* angespielt, der AUKRUSTs Kritik an der Hypothese des konstanten Kapitalkoeffizienten aufgreift und die Be-

Grundlage von Produktionsfunktionen vom Cobb-Douglas-Typ hatte J. *Tinbergen* bereits im Jahre 1942 durchgeführt. Es war eben jene Studie, in welcher die ursprünglichen Funktionstypen um die Trendkomponente erweitert wurden[12]. Blieb *Tinbergens* frühe Arbeit ohne großen Einfluß auf die sich nach Ende des letzten Krieges entwickelnde Wachstumstheorie, so hat der Versuch von R. *Solow*, Produktionsfunktionen in ein Modell des Gleichgewichtswachstums einzufügen, der Wachstumsforschung wesentliche Impulse gegeben und sie in neue Bahnen gelenkt. Ganz gleich ob man ihm zustimmte oder sein Vorgehen ablehnte — Forscher wie *Kaldor* bestreiten ja entschieden die Identifizierbarkeit des technischen Fortschritts in der von *Solow* angegebenen Weise —, so hat doch sein Aufsatz aus dem Jahre 1956 zu einer sich bis in die jüngste Zeit erstreckenden, fruchtbaren Auseinandersetzung Anlaß gegeben. Eine weitere Arbeit aus dem Jahre 1957 gab den Auftakt zu den heute beinahe in allen Ländern durchgeführten Versuchen der ökonometrischen Bestimmung des technischen Fortschritts, der sich inzwischen auch schon verschiedene internationale Behörden angenommen haben[13]. Die Literatur schwillt so an, daß sie bald eine eigene Bibliographie füllen könnte. Und so spielt denn *Phelps'* Fabel auch im Königreich Solovia.

Im Königreich Solovia sucht man nach der *Goldenen Regel der Akkumulation*. Der Bauer Oiko Nomos findet sie. Er macht die gleiche Entdeckung wie *v. Weizsäcker,* obgleich von einem etwas anderen Funktionstyp ausgehend.

Es ist schwer zu sagen, ob *Phelps* mit seiner ebenso merkwürdigen wie amüsanten Darstellung andeuten wollte, daß er die ganze Entwicklung aufbauend auf *Solow* für einen Irrweg hält, oder ob er den bekannten und berechtigten Einwänden nur die Spitze abbiegen wollte. Zu verstehen ist natürlich ein gewisser Überdruß gegen die lawinenartig anwachsende Flut von Publikationen.

Das Theorem von der optimalen Investitionspolitik steht und fällt mit der Existenz einer identifizierbaren makroökonomischen Produktionsfunktion. Dagegen hängt es *nicht an einem bestimmten Typ von Funktion.* Die Cobb-Douglas-Funktion bietet lediglich gewisse Bequem-

---

deutung des technischen Fortschritts herausstellt: *Growthmanship,* A Study in the Mythology of Investment. Hobart Paper 10, Institute of Economic Affairs, London 1961.

12 Zur Theorie der langfristigen Entwicklung. Weltwirtschaftliches Archiv, Bd. 55 (1942). Umso erstaunlicher ist es, daß *Tinbergen* bei seinem oben diskutierten Versuch der Bestimmung optimaler Zuwachsraten auf die Hypothese des konstanten Kapitalkoeffizienten zurückgriff.

13 Eine ausführliche Darstellung der theoretischen Probleme bringt die Abhandlung von A. E. *Ott:* Produktionsfunktion, technischer Fortschritt und Wirtschaftswachstum, in: Einkommensverteilung und technischer Fortschritt, a. a. O., S. 155—202. Der Leser findet dort auch die wichtigste Literatur angegeben.

lichkeiten der Ableitung. *v. Weizsäcker* hat in seiner Dissertation gezeigt, daß es auch für Funktionen sehr allgemeiner Gestalt, in denen der technische Fortschritt nicht mehr nur eine autonome Größe ist, Gültigkeit besitzt.

Wie auf dem Gebiet der Wachstumstheorie ganz allgemein, so wird auch im Bereich der Theorie vom Investitionsoptimum das Tempo des weiteren Fortschritts durch die Erfolge bei der Erforschung der Produktionsfunktion bestimmt sein. Heute finden wir uns vor einer beinahe hoffnungslosen Situation. Auf der einen Seite steht die Hypothese des konstanten Kapitalkoeffizienten, auf der anderen die Solow-Theorie. Beide Hypothesen führen, wie gezeigt wurde, zu diametral entgegengesetzten Resultaten. Wir brauchen gar nicht bis zu dem sehr ehrgeizigen Ziel der Bestimmung optimaler Wachtumsraten vorzudringen: bereits der Wachstumsprognostiker hat mit kaum überwindbaren Schwierigkeiten zu ringen[14]. Würde man resignieren, so gäbe es keinen Zugang zur Lösung des Problems des optimalen Wachstums. Es bliebe bei der heute einigermaßen hilflosen Situation, bei der die einen Wachstum um jeden Preis fordern, die anderen vom „Fetisch des Wachstums" sprechen, wo man sich streitet, ob schnelles Wachstum wichtiger sei als stetiges Wachstum oder umgekehrt, und wo ohne jede Präzisierung von Maximum oder Optimum gesprochen wird.

Die Einführung einer Trendkomponente in die Produktionsfunktion konnte natürlich nur ein erster Schritt sein. Sie ist ein Rest, ein Füllglied, und der Zeittrend ist ja meist nur eine Ausrede, wenn man nichts Genaueres weiß. Die weitere Entwicklung war damit vorgezeichnet: die Determinanten des technischen Fortschritts müssen erforscht werden. Die Arbeiten sind in vollem Gange. Einmal gilt es die Abhängigkeit des technischen Fortschrittes von den Investitionen der Vergangenheit aufzudecken — *Solow* selbst befaßt sich mit diesem Problem —, zum anderen die Abhängigkeit von den Ausgaben für Ausbildung und Forschung („investment in human capital"). Die Brücke zu dem weiten, neuen Betätigungsfeld der *economics of education* ist geschlagen worden.

Will man den Zins in das Modell einbeziehen — damit kommen wir zu einem ganz anderen Problem —, so bedarf die Grenzproduktivitätstheorie der Verteilung einer Erweiterung. Bei gegebenen Sparneigungen der beiden Gruppen von Einkommensbeziehern (Kapitalisten und Bezieher von Nichtkapitaleinkommen) ergäbe sich analog zum Kaldor-Modell ein bestimmter *Monopolisierungsgrad*. Die Bedingung der Gleichheit von Zinssatz und Wachstumsrate des Kapitalstocks ließe sich entsprechend modifizieren.

[14] G. *Bombach*, Über die Möglichkeit wirtschaftlicher Voraussagen. Kyklos, Bd. 15 (1962).

Schließlich würde auch der Brückenschlag zur *Strukturtheorie des Kapitalkoeffizienten* interessante Aufschlüsse vermitteln. Die Höhe des (marginalen) Kapitalkoeffizienten hängt bekanntlich vornehmlich von der Zusammensetzung der Bruttoinvestition ab: je höher der Anteil der langlebigen Investitionsgüter (vor allem Bauten), desto größer der Kapitalkoeffizient. Nun gehört, wie gezeigt, zu jeder optimalen Investitionspolitik ein ganz bestimmter Kapitalkoeffizient. Damit ist, bei gegebenem Mikrokoeffizient, die *optimale Wachstumsrate an eine ganz bestimmte Investitionsstruktur gebunden.* Gerade die Erforschung dieser „optimalen Investitionsstruktur" könnte wesentliche Einsichten in die Eigenschaften einer optimalen Wachstumsrate vermitteln.

Anhang

Das Investitionsoptimum in einer wachsenden Wirtschaft

Von Dr. des. Carl Christian von Weizsäcker

Im Folgenden werden Ansätze zu einer Theorie der optimalen Investitionspolitik entwickelt. Ein Optimierungsproblem kann nur dann eindeutig gelöst werden, wenn eine Zielvariable vorgegeben ist. Wir gehen davon aus, daß eine *Maximierung des langfristigen Konsumniveaus* angestrebt wird.

In der Realität konkurrieren stets mehrere wirtschaftspolitische Zielsetzungen. Ein typischer Zielkonflikt ist das Abwägen zwischen gegenwärtiger und zukünftiger Bedürfnisbefriedigung. Dieser Konflikt existiert sowohl für den einzelnen als auch für die Volkswirtschaft als Ganzes. In einer Zeit, in der das Denken der Ökonomen und Wirtschaftspolitiker um langfristige Entwicklungspläne und das Problem der Entwicklungsländer kreist und in der das Wachstumswettrennen zwischen dem Westen und Osten eine so große Rolle spielt, glauben wir davon ausgehen zu können, daß die langfristige Entwicklung des Konsumvolumens Priorität besitzt. Die in den nächsten Abschnitten entwickelten Modelle gehen deshalb davon aus, daß das Hauptziel der Investitionspolitik in der Realisierung eines möglichst hohen langfristigen Wachstums des Konsums besteht; allerdings wird die Randbedingung aufgenommen, daß das Konsumvolumen der jüngsten Vergangenheit niemals wesentlich unterschritten werden darf. Überdies soll das Wachstum des Konsums stetig sein.

Die Formulierung der Zielsetzung ist nicht vollkommen präzis. Es wird deshalb auch nicht nach dem Investitionsoptimum gesucht, sondern nur nach einer plausiblen Annäherung an die optimale Investitionspolitik. Die Einfachheit des später abzuleitenden Ergebnisses unserer Untersuchung rechtfertigt den Verzicht auf völlige Präzisierung der Zielsetzung zumindest in Anbetracht der verwendeten relativ simplen Modelle. Es soll aber darauf hingewiesen werden, daß mit Hilfe von komplizierteren Ansätzen die Fragestellung präzisiert werden kann, ohne daß der Kern des Ergebnisses angetastet wird. Es ist möglich, die Modellvoraussetzungen der Wirklichkeit stärker anzunähern, wenn man bereit ist, mit Modellen zu arbeiten, die mathematisch nicht mehr so einfach zu handhaben sind[1].

Im I. Abschnitt wird eine verbale Ableitung des Haupttheorems für einen sehr einfachen Fall einer wachsenden Wirtschaft versucht, während der II. Abschnitt eine mathematische Analyse des gleichen Modells bringt. Die Abschnitte III und IV schließlich gehen von einem speziellen Typ einer makroökonomischen Produktionsfunktion aus: der bekannten Cobb-Douglas-Funktion.

I

Wir betrachten ein Land, dessen Arbeitsbevölkerung mit einer vorgegebenen, konstanten Rate zunimmt.

Die Produktionsfunktion

$$Y = f\,(L, X)$$

soll eine Beziehung zwischen der Arbeitsmenge (L), dem Realkapitalbestand (X) und dem realen Sozialprodukt (Y) herstellen. Diese Beziehung sei linear-homogen und genüge dem Gesetz des abnehmenden Grenzertrags. Wächst also einer der beiden Produktionsfaktoren um a Prozent, während der andere konstant bleibt, so vergrößert sich das Sozialprodukt um weniger als a Prozent. Steigen die Mengen beider Produktionsfaktoren um a Prozent, so nimmt auch das Sozialprodukt um a Prozent zu. Technischer Fortschritt sei in diesem Modell ausgeschlossen.

Die Wirtschaftspolitik setzt sich zum Ziel, der Bevölkerung ein Maximum an dauerhafter materieller Wohlfahrt zu sichern. Als Indikator der materiellen Wohlfahrt sieht man den Konsum pro Kopf an. Die wirtschaftliche Zielsetzung lautet damit: Maximierung des langfristigen Konsumniveaus pro Kopf. Gesucht wird eine Investitionspolitik, die diesem Ziel adäquat ist.

Als erstes soll die Frage beantwortet werden, bei welchem zeitlich konstanten Sozialprodukt pro Kopf der Konsum pro Kopf sein Maxi-

---

[1] Ansätze zu einer Erweiterung und Verbesserung der hier vorgeführten Theorie finden sich in der Dissertation des Verfassers „Wachstum, Zins und optimale Investitionsquote"; erscheint demächst in der Reihe „Veröffentlichungen der List Gesellschaft", Verlag J. C. B. Mohr, Tübingen.

mum erreicht. Soll das Produkt, das ein einzelner Arbeiter hervorbringt, in der Zeit konstant bleiben, so darf sich auch die Kapitalintensität nicht ändern. Der Kapitalstock muß also gleich schnell wachsen wie die Bevölkerung. Nennen wir die Kapitalintensität x und die Rate des Bevölkerungszuwachses w, so betragen die Investitionen pro Arbeiter wx, wenn das Sozialprodukt pro Arbeiter konstant bleiben soll. Den Betrag wx nennen wir die „spezifischen Investitionen".

Gesucht wird der Wert von x, bei dem die Konsummenge pro Arbeiter unter der Bedingung einer zeitlich konstanten Kapitalintensität ihr Maximum erreicht. Wird die Kapitalintensität um eine Einheit vergrößert (verkleinert), so verändert sich das Produkt eines Arbeiters um den Betrag der Grenzproduktivität des Kapitals in gleicher Richtung. Gleichzeitig steigen (sinken) die spezifischen Investitionen um den Betrag w. Ist die Grenzproduktivität des Kapitals größer als w, so kann man den Konsum pro Arbeiter durch Vergrößerung von x, ist sie kleiner als w, so kann man ihn durch Verminderung von x vermehren. Solange also die Grenzproduktivität des Kapitals nicht gleich w ist, ist der optimale Wert von x nicht erreicht. Die optimale Grenzproduktivität des Kapitals ist also gerade gleich der Wachstumsrate der Bevölkerung. Die optimale Kapitalintensität ist dementsprechend dann verwirklicht, wenn die Grenzproduktivität des Kapitals ihren optimalen Wert erreicht.

Dieses Ergebnis läßt sich auch auf folgende Weise ableiten. Der Beitrag einer einzelnen Kapitaleinheit zum Sozialprodukt ergibt sich, wenn man errechnet, um wieviel das Sozialprodukt niedriger ist, wenn eine Kapitaleinheit ausfällt. Wie wir wissen, ist dieser Beitrag definitionsgemäß gleich der Grenzproduktivität des Kapitals. Auf jede Kapitaleinheit entfallen bei einem gleich schnellen Wachstum von Kapitalstock und Bevölkerung Investitionen in der Höhe von w pro Periode. Die einzelne Kapitaleinheit verursacht also nicht nur eine Erhöhung des Sozialprodukts, sondern auch eine Erhöhung der Investitionen. Sie trägt zur Erhöhung des Konsums also nur dann bei, wenn die Grenzproduktivität des Kapitals größer als w ist. Der Grenzbeitrag des Kapitals zum Konsum ist gleich der Differenz aus der Grenzproduktivität des Kapitals und der Wachstumsrate der Bevölkerung. Der Konsum wird somit dann maximiert, wenn der Grenzbeitrag des Kapitals zum Konsum gerade Null ist, d. h. wenn Grenzproduktivität des Kapitals und Wachstumsrate der Bevölkerung gleich groß sind.

Das Problem des Konsummaximums ist also gelöst für den Fall, daß sich das Sozialprodukt pro Kopf in der Zeit nicht ändert. Bezeichnen wir den Wert dieses Maximums mit $\bar{c}$, so ist offensichtlich, daß der Kapitalstock auf jeden Fall langsamer als mit der Rate w wächst, wenn der Konsum pro Arbeiter größer als $\bar{c}$ ist. Denn je größer der Konsum bei gegebener Kapitalintensität ist, desto niedriger sind die Investitionen, und desto langsamer ist damit das Wachstum des Kapitalstocks.

Soll die Kapitalintensität nicht auf die Dauer verschwindend gering werden, was den Zusammenbruch des Systems bedeutete, so muß mit der Zeit die Wachstumsrate des Kapitalstocks sich der Rate des Bevölkerungswachstums annähern. Dies bedeutet aber, daß der Konsum pro Arbeiter auf lange Sicht nicht höher als $\bar{c}$ sein kann. Damit ist generell bewiesen, daß $\bar{c}$ der maximal erreichbare Wert für den dauerhaften Konsum pro Kopf ist. Dieser Wert $\bar{c}$ kann, wie die mathematische Ableitung zeigen wird, auf die Dauer nur dann realisiert werden, wenn die Grenzproduktivität des Kapitals gegen den Wert w konvergiert. Sofern man den Zinssatz der Grenzproduktivität des Kapitals gleichsetzen kann, läßt sich also sagen: *der optimale Zinssatz ist gleich der Wachstumsrate der Bevölkerung.* Wird dieser optimale Zinssatz realisiert, so ist die Summe der Investitionen in der Volkswirtschaft gerade gleich der Summe der Kapitalprofite.

Es soll aber betont werden, daß unsere Theorie unabhängig davon ist, ob Zinssatz und Grenzproduktivität des Kapitals gleich groß sind. Sie gilt auch z. B. in einer sozialistischen Wirtschaft, die den Zins als Institution gar nicht kennt. Auch in den späteren Modellen erhält man das Ergebnis, daß eine gute Annäherung an die langfristig optimale Investitionspolitik zu einer Angleichung von Grenzproduktivität und Wachstumsrate des Kapitals führt. Dies läßt sich auch in der Form ausdrücken: *die langfristig optimale Investionsquote ist gleich der Produktionselastizität des Kapitals.*

II

Die Produktionsfunktion kann, weil sie linear-homogen ist, wie folgt geschrieben werden

$$Y = f(L, X) = L \cdot \varphi(x). \tag{1}$$

Dabei gelten für φ die drei Voraussetzungen

$$\varphi'(x) > 0 \text{ für } 0 \leq x < x_0 \leq \infty \tag{2a}$$

$$\varphi''(x) < 0 \text{ für } 0 \leq x < x_0 \leq \infty \tag{2b}$$

$$\varphi'(x) \leq 0 \text{ für } x_0 \leq x \leq \infty. \tag{2c}$$

Im Fall, daß $x_0 = \infty$ ist, wird angenommen, daß

$$\lim_{x \to \infty} \varphi'(x) = 0. \tag{2d}$$

Die arbeitende Bevölkerung wächst pro Jahr mit der relativen Rate w, so daß für den Zeitpunkt t gilt

(3) $$L = e^{wt} L(0); \quad w > 0.$$

Wenn man $a = \dot{X}/X$ schreibt, erhält man

(4) $$\dot{x} = \frac{L\dot{X} - X\dot{L}}{L^2} = a\frac{X}{L} - w\frac{X}{L} = x(a - w).$$

Die Konsummenge ist per definitionem

(5) $$C = Y - \dot{X}.$$

Aus dieser Gleichung erhält man für den Konsum pro Arbeiter

(6) $$c = \frac{C}{L} = \varphi - \frac{\dot{X}}{L} = \varphi - a\,x.$$

Je größer x ist, desto kleiner ist die Zinsrate $\varphi'(x)$. Es gibt genau einen Wert von x, bei dem die Zinsrate gerade so groß ist, wie die Wachstumsrate der Bevölkerung. Diesen Wert von x nennen wir ξ. Also gilt

(7) $$\varphi'(\xi) = w.$$

Folgende Definition erweist sich als zweckmäßig:
Ein bestimmter Wert des Konsums pro Kopf, c, wird langfristig realisierbar genannt, wenn in einer Volkswirtschaft, die diesen Wert zu jedem Zeitpunkt $t \geq 0$ verwirklicht, der Kapitalstock zu jedem Zeitpunkt positiv bleibt.
Mit Hilfe dieser exakten Definition läßt sich als erstes Theorem formulieren:
Theorem 1. Eine Konsummenge pro Kopf

(8) $$c > \varphi(\xi) - w\,\xi$$

ist auf keinen Fall langfristig realisierbar.
Beweis: Aus (4) und (6) erhält man

(9) $$\dot{x} = x(a - w) = \varphi(x) - [\varphi(x) - ax] - wx = \varphi(x) - c - wx.$$

Für konstante c ergibt sich durch Differentiation

(10) $$\frac{\delta \dot{x}}{\delta x} = \varphi'(x) - w$$

und für $\varphi'(x) > 0$ nach (2b)

(11) $$\frac{\delta^2 \dot{x}}{\delta x^2} = \varphi''(x) < 0.$$

Die Funktion (9) erreicht also ihr einziges Maximum bei

(12) $$\frac{\delta \dot{x}}{\delta x} = \varphi'(x) - w = 0,$$

d. h. bei

(13) $$x = \xi$$

Daher erhält man für Volkswirtschaften, in denen (8) gilt

(14) $$\dot{x} \leq \dot{x}(\xi) = \varphi(\xi) - w\xi - c < 0$$

und durch Integration

(15) $$x(t) \leq x(o) + t\,\dot{x}(\xi); \qquad \dot{x}(\xi) < 0.$$

Es gibt also einen Zeitpunkt τ, bei welchem

(16) $$x(\tau) \leq 0 \quad \text{q. e. d.}$$

Wie man sieht, ist das Theorem unabhängig vom Ausgangswert $x(0)$. Natürlich ist ein $c > \varphi(\xi) - w\xi$ umso länger realisierbar, je größer $x(0)$ ist. Auch kann bewiesen werden, daß das Konsumvolumen pro Kopf

(17) $$c = \varphi(\xi) - w\xi$$

nicht langfristig realisierbar ist, wenn $x(0) < \xi$ ist.
Theorem 2. Für $x(0) \geq \xi$ und

(17) $$c = \varphi(\xi) - w\xi$$

gilt

(18) $$\lim_{t \to \infty} x = \xi.$$

Beweis: Aus (9) u. (17) erhält man

(19) $$\dot{x}(\xi) = \varphi(\xi) - c - w\xi = 0.$$

Daher gilt für $x(0) \geq \xi$

(20) $$x(t) \geq \xi; \quad t \geq 0.$$

Für $x > \xi$ leitet man aus (9) ab

21) $$\frac{\delta \dot{x}}{\delta x} = \varphi'(x) - w < 0,$$

so daß sich für $\xi \leq x_1 < x_2 < \infty$ ergibt

(22) $$\dot{x}(x_2) < \dot{x}(x_1) \leq \dot{x}(\xi) = 0.$$

Daher ist für $x \geq x_1 > \xi$

(23) $$\dot{x} \leq \dot{x}(x_1) < 0$$

und nach Integration, so lange als $x \geq x_1$

(24) $$x \leqq x(0) + t\,\dot{x}(x_1); \quad \dot{x}(x_1) < 0.$$

Also existiert für jedes $x_1 > \xi$ ein Zeitpunkt τ, so daß

(25) $$x(\tau) = x_1 \text{ und } \dot{x}(\tau) < 0$$

d. h., unter Berücksichtigung von (20) für $t > \tau$

(26) $$\xi \leqq x(t) < x_1 \quad \text{d. h.}$$

(27) $$\lim_{t \to \infty} x = \xi \quad \text{q. e. d.}$$

Die Konsummenge $\bar{c} = \varphi(\xi) - w\xi$ ist der größte Wert von c, der langfristig realisierbar ist. Wird $\bar{c}$ verwirklicht, so konvergiert der Wert von x mit der Zeit gegen ξ, oder, was das gleiche ist, der Zinssatz nähert sich der Wachstumsrate der Bevölkerung an. Die einzige Zinsrate, die beliebig lang aufrechterhalten werden kann, wenn $c = \bar{c}$ ist, ist gerade gleich der Wachstumsrate der Bevölkerung. Deshalb nennen wir w die optimale Zinsrate.

Nun läßt sich noch ein drittes interessantes Theorem beweisen.
Theorem 3. Wenn in einer Wirtschaft zu jedem Zeitpunkt gilt

(28) $$\dot{X} = \varphi'(x)\,X$$

dann ist

(29) $$\lim_{t \to \infty} x = \xi \quad \text{und} \quad \lim_{t \to \infty} c = \varphi(\xi) - w\,\xi = \bar{c}.$$

Beweis: Aus (28) ergibt sich

(31) $$\dot{x} = (a - w)\,x = [\,\varphi'(x) - w\,]\,x$$

und daher für $x = \xi$

(32) $$\dot{x} = 0\,.$$

Also erhält man für $x(0) \leq \xi$

(33) $$x(t) \leq \xi; \quad t \geq o$$

und für $O < x_1 < x_2 \leq \xi$

(34) $$\dot{x}(x_1) > \dot{x}(x_2) \geq \dot{x}(\xi) = O.$$

Durch Integration für $x \leq x_1 < \xi$

(35) $$x \geq x(o) + t\,\dot{x}(x_1) \qquad \text{wo } \dot{x}(x_1) > o.$$

Aus (35) leitet man ab, daß für jedes $x_1 < \xi$ ein Zeitpunkt τ existiert, so daß

(36) $$x(\tau) = x_1 \qquad \text{und } \dot{x}(\tau) > o$$

gilt, d. h. für $t > \tau$

(37) $$\xi \geqq x(t) > x_1 \qquad \text{d. h. } \lim_{t\to\infty} x = \xi \quad \text{q. e. d.}$$

Auf ähnliche Weise beweist man (37) für $x(O) > \xi$
Wenn (37) gilt, so ist

(38) $$\lim_{t\to\infty} \dot{x} = \lim_{t\to\infty} (a - w)\,x = O; \text{ d. h. } \lim_{t\to\infty} a = w$$

und daher

(39) $$\lim_{t\to\infty} c = \lim_{t\to\infty} \varphi(x) - a\,x = \varphi(\xi) - w\,\xi \qquad \text{q. e. d.}$$

Die Angleichung der Wachstumsrate des Kapitals und des Zinssatzes ist also offenbar eine geeignete Investitionspolitik, um den Maximalwert des langfristig realisierbaren Konsumvolumens pro Kopf anzustreben.

III

Im ersten Modell, das in den Abschnitten I und II behandelt wurde, konnte ein Maximum des realisierbaren langfristigen Konsums pro Kopf bestimmt werden. Als Annäherung an die optimale Politik konnte deshalb jedes Investitionsverhalten gelten, welches dieses Maximum des dauerhaften Konsums realisierte. Anders gelöst werden muß das Problem der optimalen Investitionspolitik, wenn ein solches Maximum des realisierbaren Konsums nicht existiert. In diesem Abschnitt soll deshalb ein sehr einfaches Modellbeispiel behandelt werden, in dem eine Obergrenze des auf die Dauer realisierbaren Konsums pro Kopf fehlt.

Vorausgesetzt sei die Produktionsfunktion

(1) $$Y = \sqrt{L} \cdot \sqrt{X}\,.$$

Dabei sei im Gegensatz zu vorher die Arbeitsbevölkerung stationär, so daß $\sqrt{L}$ eine Konstante ist. Durch geeignete Maßwahl erreicht man, daß $L = 1$ ist, so daß entsteht

(2) $$y = \frac{Y}{L} = \sqrt{x}\,,$$

wobei x sowohl das Gesamtkapital als auch die Kapitalintensität und y gleichzeitig das gesamte Sozialprodukt und das Sozialprodukt pro Arbeitseinheit bezeichnet. Da es für x prinzipiell keine obere Schranke gibt, können mit der Zeit sowohl y als auch c beliebig groß werden. Wird die Investitionsquote mit s bezeichnet, so erhält man

(3) $$\dot{x} = s\,y = s\sqrt{x}\,.$$

Hieraus ergibt sich

(4) $$\dot{y} = \frac{\delta y}{\delta x}\,\dot{x} = \frac{1}{2\sqrt{x}}\,s\sqrt{x} = \frac{s}{2}\,.$$

woraus man durch Integration errechnet

(5) $$y = \frac{1}{2}\int_0^t s\,dt + y(0)\,.$$

Im Weiteren soll zur Vereinfachung vorausgesetzt werden, daß s in der Zeit konstant ist. Es wird also nach der optimalen, zeitlich konstanten Investitionsquote gefragt. Es gilt deshalb

(6) $$y = y(0) + \frac{s}{2}\,t\,.$$

Der Konsum läßt sich sehr leicht errechnen als

(7) $$c = (1 - s)\,y(0) + \frac{s - s^2}{2}\,t\,.$$

Interessant für das hier zu untersuchende Problem ist die Frage, welche Investitionsquote s auf lange Sicht zum höchsten Konsum führt. Die Antwort findet man leicht, wenn die zeitliche Ableitung von (7) untersucht wird. Sie ist

(8) $$\dot{c} = \frac{s - s^2}{2}\,;$$

d. h. der absolute Zuwachs des Konsums ist jedes Jahr gleich groß. Aber, wie (8) zeigt, ist $\dot{c}$ eine Funktion der zu Anfang gewählten konstanten Investitionsquote. Dasjenige s, bei dem der Zuwachs des Konsums sein Maximum erreicht, führt natürlich auf die Dauer zum höchsten Konsumvolumen. Das Maximum von $\dot{c}$ als Funktion von s errechnet sich durch Differentiation und Nullsetzung der Ableitung

(9)
$$\frac{d\dot{c}}{ds} = \frac{1}{2} - s = 0,$$

d. h.

(10)
$$s = \frac{1}{2}.$$

Da die zweite Ableitung

(11)
$$\frac{d^2\dot{c}}{ds^2} = -1$$

überall negativ ist, liegt an der Stelle $s = 1/2$ das Maximum von $\dot{c}$. Die Investitionsquote $s = 1/2$ führt auf die Dauer zu einem höheren Konsum als jede andere zeitlich konstante Investitionsquote.

In der folgenden Tabelle sind für einige Werte von s die entsprechenden Werte von $\dot{c}$ und die Zeitreihen von c eingetragen. Dabei wurde y (0) = 1 gesetzt.

s	0	0.1	0.2	0.3	0.4	0.5	0.6	0.7	0.8	0.9
t | $\dot{c}$	0	0.045	0.08	0.105	0.12	0.125	0.12	0.105	0.08	0.045
0	1	0.9	0.8	0.7	0.6	0.5	0.4	0.3	0.2	0.1
5	1	1.125	1.2	1.225	1.2	1.125	1.0	0.825	0.6	0.325
10	1	1.35	1.6	1.75	1.8	1.75	1.6	1.35	1.0	0.55
15	1	1.575	2.0	2.275	2.4	2.375	2.2	1.875	1.4	0.775
20	1	1.8	2.4	2.8	3.0	3.0	2.8	2.4	1.8	1.0
25	1	2.025	2.8	3.325	3.6	3.625	3.4	2.925	2.2	1.225
30	1	2.25	3.2	3.85	4.2	4.25	4.0	3.45	2.6	1.45

Vom Gesichtspunkt der langfristigen Maximierung des Konsums aus bestätigt auch die Tabelle daß die Investitionsquote $s = 1/2$ allen anderen konstanten Investitionsquoten vorzuziehen ist. Wenn $s = 1/2$ gesetzt wird, so ist

$$\frac{\dot{x}}{x} = \frac{1}{2}\frac{y}{x} = \frac{1}{2}\frac{\sqrt{x}}{x} = \frac{1}{2\sqrt{x}} = \frac{\delta y}{\delta x}.$$

Es gilt im Fall der optimalen Investitionsquote auch hier, daß die Wachstumsrate des Kapitalstocks und die Grenzproduktivität des Kapitals gleich groß sind.

Ohne weiteres klar wird aus den bisherigen Ausführungen, daß die Investitionsquote $s = 1/2$ jedem $s > 1/2$ vorzuziehen ist, auch und gerade wenn man die Bedürfnisse der Gegenwart besonders betont. Hier ergibt sich gar kein Widerstreit zwischen der Befriedigung der heutigen und der künftigen Bedürfnisse. Nicht ganz so eindeutig fällt der Vergleich zwischen den kleineren Investitionsquoten und der Quote $s = 1/2$ aus. Hier gilt die Regel, daß der Konsum auf die Dauer umso höher ist, je niedriger sein Ausgangswert angesetzt wird. Solange das Schwergewicht auf der langfristigen Entwicklungspolitik liegt, kann deshalb die Quote $s = 1/2$ als die geeignetste unter allen konstanten Investitionsquoten angesehen werden.

Würde man zudem die Einschränkung der Konstanz der Investitionsquoten fallen lassen, so ließen sich auch Wege finden, die einen hohen Konsum in der Gegenwart mit einem hohen dauerhaften Konsum verbinden. Man würde in einem solchen Fall mit niedrigen Investitionsquoten beginnen, die mit der Zeit langsam steigen, um schließlich in den Wert $s = 1/2$ einzumünden. Ein hoher dauerhafter Konsum ist aber auf jeden Fall verbunden mit der von uns hier so genannten optimalen Investitionsquote $s = 1/2$.

Es läßt sich auch relativ einfach beweisen, daß es keine Investitionspolitik gibt, in deren Verlauf sich der Konsum auf ein dauerhaftes Niveau erheben könnte, welches wesentlich höher ist als dasjenige, das der konstanten Investitionsquote $s = 1/2$ entspricht. Dies ist selbst dann nicht möglich, wenn man unter Mißachtung der Bedürfnisse der Gegenwart das Wachstum der Wirtschaft zuerst schnell beschleunigt, um dann später auch auf dem Konsumsektor überlegen zu sein.

Der Beweis, der im nächsten Abschnitt für den allgemeinsten Fall der Cobb-Douglas Funktion geführt wird, wirft vom theoretischen Standpunkt aus einiges Licht auf den Sinn oder Unsinn des in jüngerer Zeit entbrannten Wettkampfes um die wirtschaftlichen Wachstumsraten in Ost und West.

IV

Die Ergebnisse des Abschnittes III sollen jetzt auf den allgemeinsten Fall der Cobb-Douglas-Funktion

$$Y = a(t)\, X^m; \quad o < m < 1 \tag{1}$$

übertragen werden (Vergleiche S. 54). Der Trendfaktor gibt die Entwicklung der Arbeitsbevölkerung und des technischen Wissens wieder, während X den Wert des Realkapitalstocks und Y den Wert des realen Sozialprodukts bezeichnet. Einschränkend wird angenommen, daß a (t) mit der Zeit nicht kleiner wird, daß also

$$\dot{a}(t) \geq o \tag{2}$$

gilt. Der Wert X zum Zeitpunkt Null, X (O), sei gegeben. Bezeichnet man die Investitionsquote wieder mit s, so ergibt sich die Differentialgleichung

$$\dot{X} = s\,Y = s\,a\,X^m. \tag{3}$$

Hieraus erhält man durch Integration

$$X = \left[X(0)^{1-m} + (1-m)\int_0^t s\,a\,dt\right]^{\frac{1}{1-m}} \tag{4}$$

oder im Fall der uns hier vor allem interessierenden, zeitlich konstanten Investitionsquoten

$$X = \left[X(0)^{1-m} + (1-m)\,s\int_0^t a\,dt\right]^{\frac{1}{1-m}}. \tag{5}$$

Nun kann man zuerst ableiten das

Theorem 1: Wenn $O < s_1 < s_2 < 1$ ist, gilt für den Konsum C

$$\frac{C_1(t)}{C_2(t)} > \frac{1-s_1}{1-s_2}\left(\frac{s_1}{s_2}\right)^{\frac{m}{1-m}} \tag{6}$$

und

$$\lim_{t\to\infty}\frac{C_1}{C_2} = \frac{1-s_1}{1-s_2}\left(\frac{s_1}{s_2}\right)^{\frac{m}{1-m}}. \tag{7}$$

Beweis: Aus (5) ergibt sich

$$Y = a(t)\left[X(0)^{1-m} + (1-m)\,s\int_0^t a\,dt\right]^{\frac{m}{1-m}} \tag{8}$$

und daher erhält man für den Konsum der Gesamtwirtschaft

$$C = (1-s)\,a(t)\left[X(0)^{1-m} + (1-m)\,s\int_0^t a\,dt\right]^{\frac{m}{1-m}}. \tag{9}$$

daher ist

$$\frac{C_1}{C_2} = \frac{1-s_1}{1-s_2}\left[\frac{X(0)^{1-m} + (1-m)\,s_1\int_0^t a\,dt}{X(0)^{1-m} + (1-m)\,s_2\int_0^t a\,dt}\right]^{\frac{m}{1-m}}. \tag{10}$$

Nun erhält man wegen $s_1 < s_2$

$$(11)\qquad \frac{X(0)^{1-m} + (1-m)\,s_1 \int_0^t a\,dt}{X(0)^{1-m} + (1-m)\,s_2 \int_0^t a\,dt} > \frac{\frac{s_1}{s_2} X(0) + (1-m)\,s_1 \int_0^t a\,dt}{X(0) + (1-m)\,s_2 \int_0^t a\,dt} = \frac{s_1}{s_2}$$

und daher

$$(12)\qquad \frac{C_1}{C_2} > \frac{1-s_1}{1-s_2}\left(\frac{s_1}{s_2}\right)^{\frac{m}{1-m}} \qquad \text{q. e. d.}$$

Aus (2) läßt sich ableiten, daß

$$(13)\qquad \int_0^t a\,dt \geq a(0)\cdot t\ .$$

Deshalb ist

$$(14)\qquad \frac{X(0)^{1-m} + (1-m)\,s_1 \int_0^t a\,dt}{X(0)^{1-m} + (1-m)\,s_2 \int_0^t a\,dt} \leq \frac{X(0)^{1-m} + (1-m)\,s_1\,a(0)\cdot t}{X(0)^{1-m} + (1-m)\,s_2\,a(0)\cdot t}\ .$$

Aber wegen

$$(15)\qquad \lim_{t\to\infty} \frac{X(0)^{1-m} + (1-m)\,s_1\,a(0)\cdot t}{X(0)^{1-m} + (1-m)\,s_2\,a(0)\cdot t} = \frac{s_1}{s_2}$$

folgt aus (12) und (14), daß

$$(16)\qquad \lim_{t\to\infty} \frac{C_1}{C_2} = \frac{1-s_1}{1-s_2}\left(\frac{s_1}{s_2}\right)^{\frac{m}{1-m}} \qquad \text{q. e. d.}$$

Für die weiteren Theoreme wichtig ist folgender
Hilfssatz: Wenn $0 < s_1 < s_2 \leqq m$ oder wenn $m \leqq s_2 < s_1 < 1$ vorausgesetzt wird, gilt die Ungleichung

$$(17)\qquad F(s_1, s_2) = \frac{1-s_1}{1-s_2}\left(\frac{s_1}{s_2}\right)^{\frac{m}{1-m}} < 1\ .$$

Beweis: Wir schreiben

$$18)\qquad f(s) = (1-s)\,s^{\frac{m}{1-m}} = s^{\frac{m}{1-m}} - s^{\frac{1}{1-m}}$$

und erhalten durch Differentiation

$$(19) \qquad f'(s) = \frac{m}{1-m} s^{\frac{m}{1-m}-1} - \frac{1}{1-m} s^{\frac{m}{1-m}} = \frac{s^{\frac{m}{1-m}-1}}{1-m}(m-s) \,.$$

Es ist für $O < s < m$

$$(20) \qquad f'(s) > 0$$

und deshalb für $0 < s_1 < s_2 \leqq m$

$$(21) \qquad F(s_1, s_2) = \frac{f(s_1)}{f(s_2)} < 1 \qquad \text{q. e. d.}$$

Für $m < s < 1$ ist

$$(22) \qquad f'(s) < 0$$

und deshalb für $m \leq s_2 < s_1 < 1$

$$(23) \qquad F(s_1, s_2) = \frac{f(s_1)}{f(s_2)} < 1 \qquad \text{q. e. d.}$$

Aus Theorem 1 und dem Hilfsatz folgt unmittelbar das
Theorem 2. Für den Fall, daß $m \leqq s_2 < s_1 < 1$, gilt zu jedem Zeitpunkt

$$(24) \qquad \frac{C_2}{C_1} > \frac{1-s_2}{1-s_1}\left(\frac{s_2}{s_1}\right)^{\frac{m}{1-m}} = \frac{f(s_2)}{f(s_1)} > 1 \,.$$

Der Beweis ergibt sich, wenn man den Hilfsatz auf das Resultat des ersten Theorems anwendet. Das erste wichtige Ergebnis dieses Abschnitts ist somit, daß die konstante Investitionsquote $s = m$ *jeder höheren konstanten Investitionsquote auf jeden Fall vorzuziehen ist.*

Auf die Beziehungen zwischen den niedrigeren Investitionsquoten gibt eine Antwort das
Theorem 3. Wenn $O < s_1 < s_2 \leq m$ ist, existiert ein Zeitpunkt τ, so daß für jedes $t > \tau$ gilt

$$(25) \qquad \frac{C_2(t)}{C_1(t)} > 1 \,.$$

Beweis: Aufgrund des Theorems 1 und des Hilfsatzes erhält man

$$(26) \qquad \lim_{t \to \infty} \frac{C_2}{C_1} = \frac{1-s_2}{1-s_1}\left(\frac{s_2}{s_1}\right)^{\frac{m}{1-m}} = \frac{f(s_2)}{f(s_1)} > 1 \,.$$

Daher existiert ein τ, so daß für $t > \tau$ gilt

$$(27) \qquad \frac{C_2(t)}{C_1(t)} > 1 \qquad \text{q. e. d.}$$

Das dritte Theorem enthält die Aussage, daß die Investitionsquote $s = m$ auf die Dauer zu einem höheren Konsumvolumen führt als jede niedrigere Investitionsquote. Vom Standpunkt der langfristigen Entwicklungspolitik aus erweist sich damit die Quote $s = m$ als jedem anderen zeitlich konstanten s überlegen. Sie soll deshalb im folgenden als die *optimale konstante Investitionsquote* bezeichnet werden.

Wie in den vorangegangenen Abschnitten, so zeigt sich auch hier, daß die Realisierung der optimalen Investitionsquote dazu führt, daß die Wachstumsrate des Kapitalstocks und die Grenzproduktivität des Kapitals sich angleichen. Denn es gilt dann immer

$$(28) \qquad \frac{\dot{X}}{X} = \frac{m\,a\,X^m}{X} = m\,a\,X^{m-1} = \frac{\delta Y}{\delta X}.$$

Sofern man die Grenzproduktivität des Kapitals dem Zinssatz gleichsetzen kann, gibt die Höhe des Zinssatzes in der Volkswirtschaft den Wert der optimalen Wachstumsrate des Kapitalstocks an. Dieses Ergebnis ist die Quintessenz aus dem hier vorgelegten Versuch zur Bestimmung der optimalen Investitionspolitik; es ließ sich in allen vier Abschnitten erneut ableiten.

Wie man leicht sieht, werden die beiden zu Beginn formulierten Randbedingungen für die optimale Investitionspolitik im Fall der Verwirklichung der optimalen konstanten Investitionsquote erfüllt. Da der Konsum dann einen konstanten Anteil des Sozialprodukts darstellt, genügt es nachzuweisen, daß das Sozialprodukt zu keinem Zeitpunkt erheblich unter seinen Anfangswert absinkt, sowie daß sich sein Wachstum im Großen und Ganzen stetig vollzieht. Beides ist dann garantiert, wenn a (t), wie man vernünftigerweise für die Wirklichkeit annehmen kann, ohne Unterbrechung und ohne allzu plötzliche Sprünge wächst.

Zum Schluß sei noch ein Theorem behandelt, welches zeigt, daß es auch mit Hilfe von zeitlich veränderlichen Investitionsquoten keine Möglichkeit gibt, das Konsumvolumen auf die Dauer erheblich zu übertreffen, welches sich bei der konstanten Quote $s = m$ entwickelt. Damit ist folgendes gemeint: Eine Volkswirtschaft könnte sich entschließen, vom Zeitpunkt Null bis zu einem beliebigen Zeitpunkt $\tau > 0$ eine Investitionsquote s_2 zu realisieren, die sehr viel größer als m ist. Dann ist zum Zeitpunkt τ das entsprechende X_2 sehr viel größer als X_1, welches das Resultat der Investitionsquote $s = m$ ist. Wie man weiß, ist C_2 vor dem Zeitpunkt τ sicher erheblich kleiner als C_1. Dieses Opfer könnte sich jedoch dann vielleicht lohnen, wenn es möglich ist, von τ an C_2 dauernd auf einem Niveau zu halten, welches das jeweilige C_1 um einen angebbaren Bruchteil $\gamma > 0$ übertrifft. Daß ein derartiger Versuch mißlingen muß, beweist das Theorem 4.

Theorem 4. Es seien $X_1(\tau) > 0$ und $X_2(\tau) > 0$ zwei beliebig vorgegebene Werte. Es gelte für $t \geq \tau$

$$\dot{X}_1 = m\,Y_1 = m\,a\,(t)\,X_1^m \tag{29}$$

sowie

$$C_2 = (1 + \gamma)\,C_1\,; \quad \gamma > 0. \tag{30}$$

Dann gibt es ein $t_0 > \tau$, für das gilt

$$X_2\,(t_0) = 0. \tag{31}$$

Beweis: Nach dem Satz von Taylor gilt

$$Y_2 - Y_1 = \frac{\delta\,Y(X_1)}{\delta\,X}(X_2 - X_1) + \frac{\delta^2\,Y\,[X_1 + \vartheta\,(X_2 - X_1)]}{\delta\,X^2}\,\frac{(X_2 - X_1)^2}{2};\quad 0 < \vartheta < 1. \tag{32}$$

Da der letzte Summand auf der rechten Seite nicht positiv ist, ist

$$Y_2 - Y_1 \leq \frac{\delta\,Y_1}{\delta\,X}(X_2 - X_1) = m\,a\,X_1^{m-1}\,(X_2 - X_1)\,. \tag{33}$$

Durch Differentiation ergibt sich für $b = X_2/X_1$

$$\dot{b} = \frac{\dot{X}_2 - b\,\dot{X}_1}{X_1}\,. \tag{34}$$

Weiter erreichnet man

$$\begin{aligned} \dot{X}_2 &= Y_2 - C_2 \leq Y_1 + m\,a\,X_1^{m-1}\,(X_2 - X_1) - (1 + \gamma)\,C_1 = \\ &= \dot{X}_1 + m\,a\,X_1^{m-1}\,(X_2 - X_1) - \gamma\,C_1 = \\ &= m\,a\,X_1^{m-1} \cdot X_2 - \gamma\,C_1 = b\,\dot{X}_1 - \gamma\,C_1 \end{aligned} \tag{35}$$

und hieraus wegen

$$\frac{\dot{X}_1}{X_1} = m\,a\,X_1^{m-1}$$

$$\dot{b} \leq -\frac{\gamma\,C_1}{X_1} = -\gamma\,(1 - m)\,a\,X_1^{m-1} = -\gamma\left(\frac{1}{m} - 1\right)\frac{\dot{X}_1}{X_1}\,. \tag{36}$$

Durch Integration erhält man für $t \geq \tau$

$$b\,(t) \leq b\,(\tau) - \gamma\left(\frac{1}{m} - 1\right)\ln\frac{X_1(t)}{X_1(\tau)}\,. \tag{37}$$

Da X_1 mit der Zeit über alle Grenzen wächst, wird die rechte Seite in (37) mit der Zeit negativ. Es gibt also ein t_0, so daß

$$b(t_0) = \frac{X_2(t_0)}{X_1(t_0)} = 0 \qquad \text{q. e. d.} \tag{38}$$

Da eine Wirtschaft spätestens dann zusammenbricht, wenn ihr gesamter Kapitalstock Null ist, sagt dies Theorem aus, daß der mit der optimalen konstanten Investitionsquote verbundene Konsum auf die Dauer nicht wesentlich übertroffen werden kann, selbst bei einem beliebig hohen Konsumverzicht vor dem genannten Zeitpunkt τ. Es ist also durchaus möglich, die konstante Investitionsquote $s = m$ auch dann als gute Näherungslösung für die optimale Investitionspolitik zu bezeichnen, wenn man die zeitlich nicht konstanten Investitionsquoten berücksichtigt.

Die Struktur der Landschaft
Versuch einer Synthese und Weiterentwicklung der Modelle J. H. von Thünens, W. Christallers und A. Löschs*

Von Edwin von Böventer

Einführung

Welches sind die wichtigsten rein ökonomischen Faktoren, die zu einer räumlichen Differenzierung und damit zur Herausbildung einer bestimmten regionalen Struktur führen; inwieweit lassen sich aus diesen ökonomischen Faktoren gewisse Regelmäßigkeiten in der Struktur der Landschaft ableiten; und inwieweit variiert diese Struktur mit dem Stadium der wirtschaftlichen Entwicklung? Im folgenden soll untersucht werden, ob bei der Beantwortung dieser Fragen bestimmte Verallgemeinerungen möglich sind.

Unter der *Struktur der Landschaft* ist die regionale Verteilung der Produzenten verschiedener Produkte und der Konsumenten in Dörfern und Städten verschiedener Größe und die geographische Anordnung dieser Orte zu verstehen. Das Stadium der wirtschaftlichen Entwicklung beziehe ich — generell formuliert — (1) auf die Abhängigkeit der Gesamtwirtschaft von der Landwirtschaft, (2) auf die Höhe der Transportkosten im Vergleich zur Höhe der Produktionskosten und damit auf die Mobilität der Güter und Faktoren und (3) auf die Entwicklung der Produktionsfunktionen im Hinblick speziell auf interne und externe Ersparnisse oder Agglomerationsvorteile und somit auf die Entwicklung der optimalen Betriebsgröße in verschiedenen Branchen[1].

---

* Der Verfasser möchte dem Herrn Vorsitzenden des Theoretischen Ausschusses, Professor E. Schneider, und den Mitgliedern des Theoretischen Ausschusses für viele wertvolle Anregungen während der Diskussion dieses Vortrags herzlich danken.

[1] Historisch gesehen ist im Zuge der wirtschaftlichen Entwicklung erstens mit steigendem Lebensstandard und damit sinkendem Anteil der Nahrungsmittelausgaben an den Gesamtausgaben auch die Abhängigkeit von der Landwirtschaft, genauer: die Wertschöpfung der Landwirtschaft im Vergleich zum Volkseinkommen, zurückgegangen. Zweitens ist die relative Höhe der Transportkosten gesunken und damit die Mobilität der Güter und Faktoren gestiegen; und drittens ist die optimale Produktmenge (oder die Zahl der Beschäftigten) pro Betriebseinheit für den Durchschnitt aller Industrien stark gewachsen. Es besteht jedoch keine allgemein-gültige exakte Beziehung zwischen der Entwicklung dieser Faktoren und dem Stadium der wirtschaftlichen Entwicklung. Der wichtigste Grund für diese von Region zu Region auftretenden Unterschiede sind die verschiedenartige Ausstattung mit natür-

Die Annahmen über die Beschaffenheit der Erdoberfläche der betrachteten Wirtschaft werden variiert: ich gehe zuerst von einer völlig homogenen Fläche aus — wie Thünen, Christaller und Lösch —, und ich werde später auch die Wirkungen bestimmter Unregelmäßigkeiten der Fläche und von Zufälligkeiten betrachten.

Es geht mir in meinen Ausführungen in erster Linie um die Beantwortung der Frage, welche regionale Struktur sich unter alternativen Annahmen über die wirtschaftliche Entwicklung auf einer homogenen Fläche herausbildet und wie diese sich durch die Einbeziehung von Unregelmäßigkeiten auf der Fläche verändert. Mein eigentliches Anliegen ist erstens eine Synthese der wichtigsten bisher existierenden Modelle der Struktur der Landschaft, der Modelle von Thünens[2], Christallers[3] und Löschs[4], und zwar mehr in Form einer Skizze, denn exakte restriktiven, unrealistischen Annahmen möglich, und zweitens eine Untersuchung über Möglichkeiten der Weiterentwicklung dieser Ansätze sowohl für eine homogene als auch für eine unregelmäßige Erdoberfläche.

In Teil 1 meiner Ausführungen wende ich mich zunächst den folgenden Fragen zu. Erstens: welches sind die Ursachen einer räumlichen Differenzierung und zu welchen Modellen führen alternative Annahmen über die quantitative Bedeutung dieser Faktoren?

Zweitens: Welche Versuche gibt es innerhalb unserer Theorie, aufgrund von alternativen Annahmen über die standortdifferenzierenden Faktoren eine räumliche Struktur abzuleiten? Hier gehe ich kurz auf das Modell von Thünen ein und diskutiere ausführlicher die Modelle von Christaller und Lösch. Die Diskussion dieser Modelle dient unter anderem dazu festzustellen, inwieweit Elemente dieser Modelle für die eigenen Ableitungen brauchbar sind und welche Annahmen als unhaltbar erscheinen und daher modifiziert werden müssen.

Drittens ist die Frage zu beantworten, welche Gleichgewichtsbedingungen für die Einzelhaushalte und für räumliche Einheiten zu beachten sind und welche Mechanismen speziell beim interregionalen Ausgleich wirksam werden. Ich werde in diesem Teil zu der Schlußfolgerung gelangen, daß *exakte inhaltliche* Aussagen über die Struktur der Landschaft aufgrund eines *Total*modells mit der Realität entsprechenden Produktionsfunktionen unmöglich sind.

---

lichen Ressourcen (einschließlich der Transportwege) und (oder) verschiedene Grade des Zollschutzes für den landwirtschaftlichen Sektor. Aus diesen Gründen sind die drei genannten Faktoren explizit zu erwähnen.

[2] Johann Heinrich *von Thünen*, Der isolirte Staat in Beziehung auf Landwirtschaft und Nationalökonomie, Hamburg 1826.

[3] Walter *Christaller*, Die zentralen Orte in Süddeutschland. Eine ökonomisch-geographische Untersuchung über die Gesetzmäßigkeit der Verteilung und Entwicklung der Siedlungen mit städtischen Funktionen, Jena 1933.

[4] August *Lösch*, Die räumliche Ordnung der Wirtschaft, Jena 1944.

Aus diesem Grunde werde ich in Teil 2, dem Hauptteil meiner Darlegungen, ebenso wie Thünen, Christaller und Lösch, von Partialmodellen ausgehen, und ich werde dann jeweils anschließend diese Modelle durch Berücksichtigung einer Reihe der allgemeinen Gleichgewichtsbedingungen und Anpassungsmechanismen zu erweitern versuchen. Es lassen sich auch so — genau so wenig wie innerhalb eines Totalmodells — keine quantitativ exakten Strukturen ableiten. Deshalb sind die folgenden Ableitungen vielleicht am besten als der Versuch einer widerspruchsfreien *Skizzierung* der Struktur einer Landschaft unter alternativen Annahmen zu bezeichnen. Eingehender diskutieren werde ich unter anderem zwei einfache Skizzen einer Landschaftsstruktur, einmal bei Zugrundelegung einer homogenen Fläche und einmal bei Berücksichtigung von Unregelmäßigkeiten der Fläche.

Es wird sich hierbei zeigen, daß der Grad der Regelmäßigkeit des regionalen Systems eine Funktion des Abhängigkeitsgrades der Gesamtwirtschaft von *eigenen* Agrarerzeugnissen ist. Das zu entwerfende System wird in bezug auf den primären Sektor Elemente der Ableitungen von Thünens, in bezug auf den sekundären Sektor Elemente eines stark modifizierten Lösch-Systems und in bezug auf den tertiären Sektor Elemente der Christaller'schen Hierarchie der zentralen Orte enthalten.

In diesem Zusammenhang ist unter anderem die wichtige Frage zu klären, wieso Christallers Hypothesen über das hierarchische System der zentralen Orte in seinen Untersuchungen über Süddeutschland verifiziert werden konnten, obwohl Christallers Annahmen — zum Beispiel über die homogene Fläche — in vielen Beziehungen nicht der Wirklichkeit entsprechen. Diese Diskussion läuft praktisch wieder auf die Frage hinaus, inwieweit sich auch auf einer nicht völlig homogenen Fläche *und* unter der Einwirkung historischer Zufälligkeiten, also bei Zugrundelegung mehr der Wirklichkeit entsprechender Annahmen, bestimmte Regelmäßigkeiten in der Struktur der Landschaft ableiten lassen.

Es geht im Grunde also um zweierlei: 1. auf einer *homogenen Fläche* ein System mit möglichst wenig widersprüchlichen und möglichst wenig unrealistischen Annahmen abzuleiten und 2. auf einer *nicht-homogenen Fläche* die auf eine gewisse Regelmäßigkeit hindrängenden bzw. eine Regelmäßigkeit verhindernden ökonomischen Faktoren herauszuarbeiten. Das Fernziel dieser Untersuchungen besteht in einer möglichst weitgehenden Synthese dieser beiden Ansätze. Diese Synthese wird hier nur angedeutet werden; sie ist das Ziel weiterer Untersuchungen.

In Abschnitt B des Zweiten Teiles werde ich die Annahmen der beschriebenen Systeme mit den tatsächlichen Verhältnissen eines stark industrialisierten Landes vergleichen und in einigen Punkten aufzeigen, wie das System näher an die Wirklichkeit herangeführt werden kann — unter anderem durch größere Betonung dynamischer Faktoren. Vor allem in diesem Abschnitt ist die vorliegende Arbeit einer systematischen Weiterentwicklung fähig, die späteren Untersuchungen vorbehalten ist.

Erster Teil

I. Die ökonomischen Gründe für die räumliche Differenzierung

Als wichtigster außerökonomischer Grund für die ungleichmäßige Verteilung der Produktionsstätten und Wohngebiete über die Erdoberfläche ist leicht die Unregelmäßigkeit der Erdoberfläche selbst zu erkennen: die ungleichmäßige Verteilung der natürlichen Ressourcen im weitesten Sinne des Wortes und die unterschiedlichen natürlichen Verkehrswege. Hier kommt es jedoch zunächst auf die rein ökonomischen Faktoren an, die die Art und den Grad der regionalen Differenzierung bestimmen. Diese Faktoren kann man in folgender Weise ordnen: erstens interne und externe Ersparnisse, zweitens die Höhe der Transportkosten und drittens die Abhängigkeit der Wirtschaft vom heimischen Produktionsfaktor Boden. Im folgenden werde ich diese drei Faktoren als die raumdifferenzierenden Faktoren bezeichnen.

Unter den internen und externen Ersparnissen kann man die wichtigsten Arten der für die Standortwahl bedeutsamen *externen* Ersparnisse nach Ohlin und Hoover einteilen in *localization economies* und *urbanization economies*[5]. Die *localization economies* sind die (positiven oder negativen) Ersparnisse, die auf das Vorhandensein mehrerer Betriebe derselben Branche am selben Ort zurückzuführen sind. Die *urbanization economies* sind dagegen die Folge der Ausdehnung der Beschäftigung und der Produktion von Unternehmen verschiedener Branchen am selben Standort. *Localization economies* und *urbanization economies* ergeben zusammen die — seit Weber so bezeichneten — Agglomerationsvorteile oder -nachteile. Verschieden hohe *interne* Ersparnisse führen *ceteris paribus* zu einer unterschiedlichen optimalen Ausbringungsmenge und damit jeweils bestimmter optimaler Betriebsgröße der betrachteten Unternehmen.

Durch die Kombination alternativer Annahmen über die relative quantitative Bedeutung dieser drei raumdifferenzierenden Faktoren kann man leicht die vier Fälle ableiten, die E. Schneider schon 1934 in seinem Aufsatz über die „Preisbildung und Preispolitik unter Berück-

[5] Vgl. dazu auch W. *Isard*, Location and Space-Economy. A General Theory Relating to Industrial Location, Market Areas, Land Use, Trade, and Urban Structure. New York, London 1956, S. 172 ff.

sichtigung der geographischen Verteilung von Erzeugern und Verbrauchern" zugrundegelegt[6] und die später L. Miksch[7] in seiner Arbeit „Zur Theorie des räumlichen Gleichgewichts" verwendet hat. Es geht hierbei um verschiedene Kombinationen der Streuung von Angebot *und* Nachfrage, die sich immer dann ergeben, wenn man die Bedeutung jeweils eines der drei raumdifferenzierenden Faktoren völlig vernachlässigt. Dann erhält man die vier prinzipiellen extremen Möglichkeiten: 1. konzentriertes Angebot, konzentrierte Nachfrage, 2. gestreutes Angebot, konzentrierte Nachfrage, 3. konzentriertes Angebot, gestreute Nachfrage und 4. gestreutes Angebot, gestreute Nachfrage.

Bei dem Fehlen jeglicher interner oder externer Ersparnisse und damit beliebiger Teilbarkeit der Betriebe bzw. Produktionsprozesse ohne Erhöhung der Stückkosten ergibt sich folgendes Extrem: In diesem Falle bewirkt auf einer homogenen Fläche die Abhängigkeit von einheimischen Agrarprodukten bei relativ hohen Transportkosten eine Streuung sowohl der Nachfrage nach Industriegütern als auch der Produktion bzw. des Angebots an Industriegütern. Sehr starke Agglomerationsvorteile bei der Industrieproduktion — vor allem bei nur geringer Bedeutung der Agrarpoduktion und bei Fehlen von lokalisierten Rohstoffen — ziehen dagegen in die entgegengesetzte Richtung, auf einen hohen Grad der räumlichen Konzentration des Angebotes hin; im Extremfalle führt dies zu einer Konzentration der gesamten Industrieproduktion in einem einzigen Produktionszentrum.

Diese beiden genannten Fälle entsprechen für das *Angebot* den folgenden Extremen: der völligen Streuung der Produktion — Nummer 2 und 4 der oben genannten vier Möglichkeiten — im Gegensatz zur völligen Streuung der Produktion: Möglichkeiten 1 und 3. Geht man nun für die Industrie von einer Konzentration des Angebotes aus, dann ergeben sich aus der Betrachtung der vier möglichen intrasektoralen und intersektoralen Ströme sämtliche vier genannten Extremfälle: Fall 1: städtische Nachfrage nach städtischen Produkten, Fall 2: städtische Nachfrage nach ländlichen Produkten, Fall 3: ländliche Nachfrage nach städtischen Produkten, Fall 4: ländliche Nachfrage nach ländlichen Produkten.

Sowohl theoretisch als auch praktisch am interessantesten sind die zwischen diesen Extremen liegenden Fälle, in denen es weder zu vollständiger Streuung noch zu vollständiger Konzentration kommt: bei von Industrie zu Industrie unterschiedlichem Grade der räumlichen Konzentration.

---

[6] Erich *Schneider*, Preisbildung und Preispolitik unter Berücksichtigung der geographischen Verteilung von Erzeugern und Verbrauchern, Schmollers Jahrbuch 58: 257—77 (1934 I).

[7] Leonhard *Miksch*, Zur Theorie des räumlichen Gleichgewichts, Weltwirtschaftliches Archiv. 66: 6—50 (1951 I).

Die Struktur der Landschaft, die regionale Verteilung von Produzenten und Konsumenten, ist im wesentlichen eine Funktion ganz *verschiedener* Kompromisse, die von den einzelnen Industrien aufgrund der unterschiedlichen Wirkungen der drei raumdifferenzierenden Faktoren auf den verschiedenen Stufen der Produktion geschlossen werden und die in unterschiedlichen optimalen Betriebsgrößen und verschieden starker räumlicher Konzentration des Angebots der einzelnen Güter resultieren. Denn bei Agglomerationsvorteilen werden durch weitgehende räumliche Konzentration die Produktionskosten zwar gesenkt, die Transportkosten sowohl für die industriellen Fertigwaren als auch für die Nahrungsmittel, die von den Beschäftigten der Industrie konsumiert werden, jedoch erhöht. Eine Deglomeration dagegen erhöht die Produktions- und senkt die Transportkosten. Der Optimalpunkt, und damit die der optimalen Outputmenge entsprechende optimale Betriebsgröße, ist möglicherweise für jede Industrie verschieden[8].

Von Unterschieden in der optimalen Betriebsgröße gehen schon Christaller und Lösch aus und legen sie als fundamentale Annahme ihren Systemen der Struktur der Landschaft zugrunde, wobei allerdings die Auswirkungen von *externen* Ersparnissen auf die Kostenfunktionen völlig vernachlässigt werden. Den verschiedenen Versuchen zur Erklärung der Struktur der Landschaft wende ich mich jetzt zu.

II. Theoretische Versuche zur Erklärung der regionalen Struktur

a) Die Thünen-Ringe

Die Modelle von Christaller und Lösch sind die ersten Versuche, die Bildung von Städten verschiedener Größe, die räumliche Anordnung dieser Städte und damit ein geschlossenes Bild der Landschaft abzuleiten und theoretisch zu begründen. Den ersten Versuch der Ableitung einer Landschaftsstruktur stellen jedoch schon die Thünen-Ringe dar, mit deren theoretischem Instrumentarium unter Zugrundelegung numerischer, wenn auch zum Teil sehr restiktiver Annahmen die regionale Verteilung der Agrarproduktion auf einer homogenen Fläche exakt bestimmt werden kann. Alle drei Modelle, die von Thünens, Christallers und Löschs, sind Partialmodelle, in denen zum Beispiel die Zahlungsbilanzbedingungen nicht beachtet und Faktorbewegungen zumindest nicht explizit erwähnt werden.

Während jedoch bei Christaller und Lösch die Vernachlässigung der Zahlungsbilanzbedingungen zu inneren Widersprüchen führt und die durch das Außerachtlassen der Bevölkerungsbewegungen bedingten

---

[8] Vgl. dazu auch E. *von Böventer*, Theorie des räumlichen Gleichgewichts, Tübingen 1962, Kapitel 1.

Mängel nur durch sehr unrealistische Annahmen überwunden werden können, wird das System von Thünen dadurch in seiner inneren Logik nicht berührt. Denn die Zahlungsbedingungen haben zwar eine Bedeutung *unter anderem* für die Angebotsfunktionen der Industriewaren und die städtische Nachfrage nach Agrarprodukten einerseits. Sie sind ein wichtiger Bestimmungsgrund der Preise und der Terms of Trade zwischen Stadt und Land, und sie werden damit auch (zumindest indirekt) bedeutsam für die Bevölkerungsbewegungen, die Intensität der Bewirtschaftung und die Breite der einzelnen Thünen-Ringe.

Aber die Existenz und die Gesetze der Herausbildung dieser Ringe werden dadurch nicht betroffen. Die Thünenschen Resultate gelten nach wie vor als *Gleichgewichtsbedingungen,* und alle späteren Korrekturen einzelner Aussagen sind völlig unbedeutend gegenüber der ursprünglichen Idee. Das System Thünens ist daher nicht nur das älteste Modell einer regionalen Produktionsstruktur, sondern bis in die Gegenwart das einzige widerspruchsfreie System. Die Thünen-Ringe sind somit bei kritischer Würdigung der einzelnen Annahmen ein Element, das trotz seiner Beschränkungen nach wie vor brauchbar ist und bei den weiteren Ableitungen verwendet werden kann.

b) Die Grundlagen der Modelle Christallers und Löschs

Grundlegend sowohl für das hierarchische System der zentralen Orte von Christaller als auch das System der Marktnetze von Lösch ist die Annahme einer in jeder Beziehung homogenen Fläche — vor allem also mit gleichmäßiger Verteilung der Ressourcen und der Nachfrage. Die Produktionsfunktionen sind für alle Punkte der Fläche gleich, und die Konsumenten haben überall identische Präferenzen und die gleiche Kaufkraft.

Das zentrale Problem ist die räumliche Verteilung und Anordnung der Produktionsstätten für verschiedene Güter, für die sich auf Grund der Produktionsfunktionen — wegen der internen Ersparnisse —, der Transportkosten und der Nachfrage bestimmte optimale Betriebsgrößen mit entsprechendem optimalen Absatzgebiet ergeben. Wie schon oben erwähnt, werden keine *externen* Ersparnisse in den Kostenfunktionen wirksam.

Dieses optimale Absatzgebiet ist unter anderem wegen der von Gut zu Gut unterschiedlichen Produktionsfunktionen möglicherweise für alle Güter verschieden groß. Zwischen geringen Produktionsmengen pro Betrieb in sehr kleinen Aggregaten, damit sehr *hohen* Stückkosten der Produktion und *niedrigen* Transportkosten bei geringem Absatzradius der Einzelbetriebe einerseits und (zumindest bis zu bestimmten

Produktmengen) *niedrigeren* Produktionskosten und *höheren* Transportkosten bei wachsender Betriebsgröße und entsprechend vergrößertem Absatzradius andererseits, ist für jedes Einzelgut das Optimum zu ermitteln. Die Gleichgewichtsbedingungen für das einzelne Wirtschaftssubjekt hat Lösch[9] in folgender Weise formuliert:

1. *„Sein Standort muß so vorteilhaft wie möglich sein."*
2. „Die Standorte müssen so zahlreich sein, *daß der ganze Raum ausgenützt wird."*
3. „Ferner: in allen Tätigkeiten, die jedem offenstehen, müssen *außerordentliche Gewinne verschwinden."*
4. „Es muß ... hinzukommen, daß die Bezugs-, Erzeugungs- und Absatz*gebiete so klein wie möglich sind."*
5. *„Auf der Grenze der Wirtschaftsgebiete muß es gleichgültig sein, zu welchem der beiden benachbarten Standorte sie gehören."*

Es sei hier schon kurz erwähnt, daß neben den von Lösch formulierten Bedingungen unter anderem sämtliche Produktions- und Preisabsprachen zwischen den Einzelbetrieben ausgeschlossen sein müssen und freier Zugang zum Markt garantiert sein muß. In seinem grundlegenden Modell betrachtet Lösch keine Preisdiskriminierung. Durch eine Politik der Preisdiskriminierung würde zwar das resultierende Optimum der Betriebsgröße beeinflußt werden, ohne daß dadurch die Bedingung, daß von den Unternehmern keine Gewinne gemacht werden dürfen, oder irgendeine andere der fünf genannten Bedingungen verletzt zu werden braucht[10]. Am Prinzip der Anordnung ändert sich dadurch jedoch nichts.

Beim Übergang von einem System von für alle Abnehmer *gleichen* Werkspreisen, wie es Lösch betrachtet, zu einem System der Preisdiskriminierung könnten die einzelnen Produzenten in einer Partialbetrachtung *zunächst* ihre Gewinne erhöhen. Tun dies jedoch alle Unternehmen aller Branchen, dann sinkt das Realeinkommen der Nachfrager, und damit werden die Gewinne wieder reduziert, und zwar in für die einzelnen Branchen möglicherweise unterschiedlicher Weise. Das Endresultat hängt unter anderem davon ab, welche Annahmen über die Möglichkeiten des Überwechselns der Wirtschaftssubjekte von der Beschäftigung als Arbeitnehmer in die Unternehmertätigkeit gemacht werden. Die Gleichgewichtsbedingung ist in diesem Falle bei freiem Eintritt in jede Branche dieselbe wie ohne Preisdiskriminierung: es müssen im Gleichgewicht in allen Branchen genau die *normalen Unternehmergewinne* erzielt werden. Eine generelle Aussage darüber, ob im Endresultat die Absatzradien für eine beliebige Branche

---

9 A. *Lösch*, op. cit. S. 64 ff.

10 Da sich die Einzelunternehmungen einer fallenden Nachfragekurve gegenübersehen, werden die Welfare-Bedingungen in jedem Falle nicht alle erfüllt, gleichgültig ob Preisdiskriminierung betrieben wird oder nicht.

größer oder kleiner sind als ohne Preisdiskriminierung, ist unmöglich. Dies hängt unter anderem von den speziellen Kosten- und Nachfragefunktionen ab[11].

Für die Systeme von Christaller und Lösch ergibt sich erstens ganz generell als optimale Verteilung der Produktionsstätten für jedes Gut eine Anordnung in regelmäßigen Sechsecken, in Bienenwabenform, und zweitens möglicherweise für alle Güter verschieden große regelmäßige Sechsecke (wie in Abb. 3 wiedergegeben). Die Entdeckung dieser Sechsecke geht schon auf die Geographen zurück[12].

Bis hierhin stimmen die Ansätze von Christaller und Lösch überein: es handelt sich in beiden Fällen um die *Partial*analyse für *einzelne Güter* auf einer *homogenen* Fläche mit *gleichmäßig verteilter Nachfrage. Externe Ersparnisse werden in den Ableitungen nicht berücksichtigt.* Außerdem wird in den Modellen von jeder Art von Zwischenprodukten vollständig abgesehen, die von den Unternehmen ausgetauscht werden. Es werden nur Ubiquitäten, also überall vorhandene Rohstoffe verwendet. Jeder Betrieb produziert nur *ein* Gut.

Die Unterschiede in den beiden Systemen entstehen durch verschiedenartige Annahmen bei der Ableitung der Marktnetze. Man kann diese Unterschiede zwischen dem komplizierteren System von Lösch und dem hierarchischen System der zentralen Orte Christallers als das Resultat entgegengesetzter Annahmen über die historische Entwicklung der Städte und Industrien interpretieren. Lösch baut sein System der Marktnetze von unten auf, auf der Grundlage der kleinsten Siedlungen, während Christaller in seinen Ableitungen bei einem Gut mit gegebenem Absatzgebiet anfängt und sein System *von oben nach unten* konstruiert. Das bedeutet folgendes:

Das System Christallers

Christaller beginnt mit der Betrachtung des Gutes, das einen gegebenen, den (zunächst) größten Absatzradius (21 km) besitzt (siehe Abb. 1) und deshalb nur an den (zunächst) größten Orten (B-Orten — B für Bezirkshauptorte) produziert werden kann, und leitet für dieses Gut eine regelmäßige Sechseck-Anordnung der einzelnen Produktionsstätten mit sechseck-förmigen, die gesamte Fläche ausfüllenden Absatzgebieten ab[13]. Die mathematische Begründung für die Herausbildung von regelmäßigen Sechsecken ist einfach: Das regelmäßige Sechseck stellt das Polygon der höchsten Ordnung dar, mit dem eine Fläche ganz ausgefüllt werden kann.

---

[11] Dies kann hier nur angedeutet werden, es wird an anderer Stelle weiter ausgeführt werden.

[12] Vgl. dazu R. *Gradmann*, Schwäbische Städte, Zeitschrift der Gesellschaft für Erdkunde, Berlin 1916, S. 427—60.

[13] Vgl. W. *Christaller*, op. cit., S. 63 ff.

Das Bienenwaben-System dieser zentralen Orte, der B-Orte, bildet die Grundlage aller weiteren Ableitungen Christallers. Für die anderen Güter (mit unterschiedlichem optimalem Absatzgebiet) gilt nun folgendes: Alle übrigen Güter, von denen Christaller zunächst diejenigen mit *kleinerem* Absatzradius betrachtet, werden an erster Stelle an den B-Orten produziert und angeboten. Solange das notwendige Gebiet nicht wesentlich kleiner ist als das des betrachtenen ersten Gutes, werden für die weiteren Güter die Produktionsorte und Absatzradien mit denen dieses Gutes übereinstimmen. Bei der Betrachtung von Gütern mit sinkendem Absatzradius gelangt man jedoch schließlich zu einem Gut, für das sich die Errichtung zusätzlicher Produktionsstätten *zwischen* den B-Orten lohnt. Um die bestehenden Städte herum entstehen jeweils sechs neue Orte der nächst-niederen Ordnung (K-Orte — Kreisstädtchen): die *Eckpunkte* der Marktgrenzen werden zu neuen Markt-

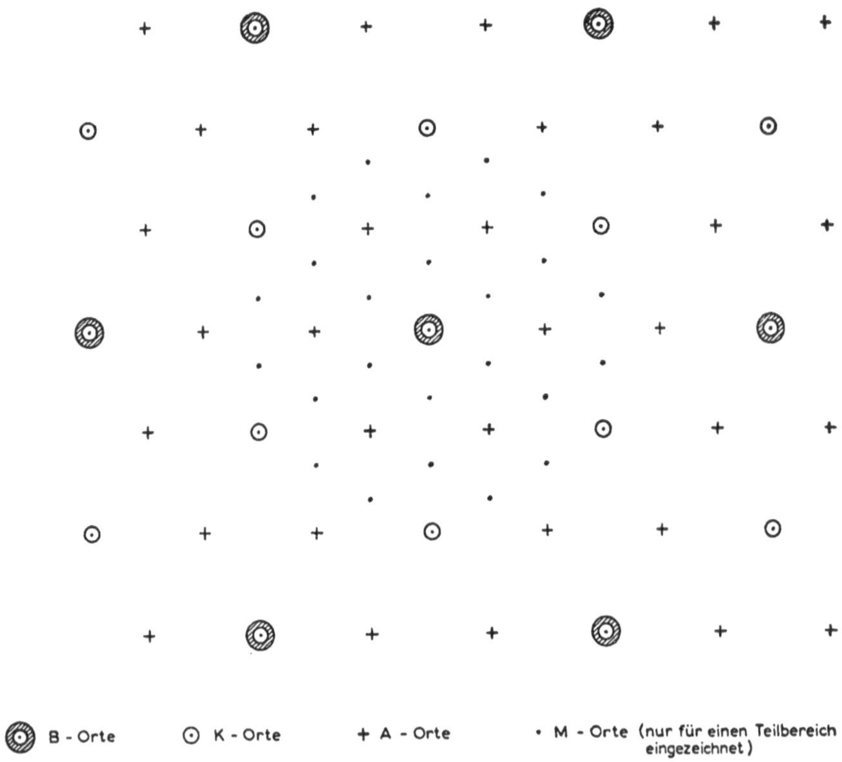

Abb. 1: Ausschnitt aus dem Christaller-System der zentralen Orte.

plätzen[14] (vgl. Abb. 1). Die K-Orte entstehen jeweils im Zentrum zwischen drei B-Orten, um jeden vorhandenen (B-)Ort herum somit *sechs* neue (K-)Orte mit jeweils gleichen Abständen zu *drei* bestehenden Orten. Diese sechs neuen K-Orte sind daher zu je einem Drittel einem der bestehenden B-Orte zuzuordnen. Es kommen so zahlenmäßig auf jeden B-Ort zwei K-Orte. Die Zahl der Orte verdreifacht sich damit. Das Absatzgebiet des betrachteten Gutes (das an den B-Orten *und* K-Orten produziert bzw. angeboten wird) wird im Vergleich zu dem des Gutes nächsthöherer Ordnung (das nur an B-Orten produziert wird) auf ein Drittel reduziert.

Schließlich kommt man zu einem Gut, für das sich die Produktion an nächstkleineren Orten lohnt, und daraufhin entstehen — in ähnlicher Weise wie die K-Orte zwischen den B-Orten — neue zentrale Orte der nächstniederen Ordnung (A-Orte — Amt-Orte) um die vorhandenen B-Orte und K-Orte herum. Die Entwicklung geht so fort bis zu den Gütern der niedrigsten Ordnung, die auch noch an den nächstniederen, den kleinsten zentralen Orten, den Marktorten (M-Orten), angeboten werden.

Die für die B-Orte bis herunter zu den M-Orten abgeleiteten Ergebnisse werden später[15] auf die Güter bzw. Orte mit *größerem* Absatzradius als die B-Orte angewandt: auf die R-Orte („Reichshauptstädte"), RT-Orte („Reichsteil-Hauptstädte"), L-Orte („Landeszentralen"), P-Orte („Provinzialhauptstädte") und G-Orte („Gau-Hauptorte"), denen schließlich die B-Orte folgen[16]. Durch diese Übernahme der Ergebnisse erhält das Christaller-System im Endresultat dieselbe Form, *wie wenn* es von vornherein von den Reichshauptstädten ausgehend konstruiert worden wäre. Hätte Christaller sein System für die Güter mit größerem Absatzbereich wirklich abgeleitet, wäre er zu dem System Löschs gelangt. Das Resultat wäre ein Christaller-System für die Orte niederer Ordnung und ein Lösch-System für die Orte höherer Ordnung als die B-Orte gewesen.

Die wichtigsten Charakteristika dieses Systems, durch die es sich teils vom Modell Löschs unterscheidet, sind die folgenden: Erstens produziert jeder übergeordnete zentrale Ort auch alles, was die jeweils untergeordneten Städte produzieren und anbieten. Zweitens ist das System weit von einer optimalen regionalen Verteilung der Produktionsstätten entfernt, weil optimales und tatsächliches Absatzgebiet nur in Ausnahmefällen in der Größe übereinstimmen. Dies ist nur dann der Fall,

---

[14] „The boundary-stone became the predecessor of the market-cross", Adna F. *Weber*, Growth of Cities in the Nineteeth Century, New York, London 1899, S. 171. (Zitiert nach W. *Christaller*, op. cit., S. 67.)

[15] W. *Christaller*, op. cit., S. 68.

[16] loc. cit. S. 151—56.

wenn das Optimum des Absatzgebietes genau gleich dem dritten Teil des (schon bestehenden kleinsten) Netzes nächsthöherer Ordnung ist. Ein Optimum wäre dann erreicht, wenn sich die Größe der optimalen Einzel-Absatzgebiete jeweils mit dem Faktor drei multiplizieren (oder dividieren) ließe. Drittens werden Bevölkerungsbewegungen — genau so wie bei Lösch — im grundlegenden Modell nicht berücksichtigt. (Auf den Charakter als Partialsystem und auf die implizierten Bevölkerungsbewegungen wird gleich im Anschluß an die Diskussion des Lösch-Systems eingegangen.) Viertens ist keine genaue Aussage über die Größe der entstehenden zentralen Orte möglich. Hierfür wären u. a. weitere Annahmen nötig über die Zahl der Beschäftigten in den einzelnen Industrien. Man kann nur feststellen, daß jeder übergeordnete zentrale Ort *mindestens* ebenso groß ist wie die untergeordneten zentralen Orte. Fünftens existieren *keine sich in Kostenveränderungen niederschlagenden Agglomerationsvorteile.* Das bedeutet, daß eine räumliche Konzentration des Angebots zum Beispiel in einer Großstadt zu keiner Veränderung der Bodenpreise gegenüber dem flachen Land führen darf. Die Produktionsstätten dürfen also keine räumliche Ausdehnung haben. Sechstens werden (trotz der fehlenden Agglomerationsvorteile) als Standorte für neue Betriebe jeweils die schon *bestehenden* Orte bevorzugt. Dasselbe gilt, wie sich gleich zeigen wird, für das System von Lösch.

Das System Löschs

Im Gegensatz zum System Christallers sind bei Lösch die *kleinsten* Einheiten, und zwar die in regelmäßigen Sechseck-Verfahren angelegten Bauernhöfe, die Grundlage des Systems. Das Gut oder die Güter niedrigster Ordnung (in Christallers Terminologie) werden auf jedem Bauernhof selbst hergestellt. Die Bewirtschaftungsgebiete der Bauernhöfe stellen das kleinste Sechseck dar. Als nächst-größere Gebiete — Absatzbereiche — von der Form eines Sechsecks leitet Lösch Marktgebiete von der 3-, 4-, 7-, 9-, 12-, 13-, 16-, 19-, 21-, 25- (etc.)fachen Größe der kleinsten Sechsecke ab. Die entsprechenden Güter werden in jeder dritten, vierten, siebenten, neunten (etc.) Siedlung produziert (vgl. Abb. 2; dort bezeichnen die Zahlen die Ordnungszahl der Güter, die an den einzelnen Orten produziert werden). Für die ersten sechs Güter gilt, daß jeweils insgesamt 3, 4, 7, 9, 12, 13 Siedlungen (einschließlich der produzierenden Siedlung) voll versorgt werden. (Hier klebt Lösch etwas zu stark an der Vorstellung der Sechsecke. Mit den geforderten Gleichgewichtsbedingungen ist es genau so vereinbar, daß zum Beispiel zwei Güter von jeweils jeder zweiten Wirtschaftseinheit hergestellt und unter Paaren von Wirtschaftseinheiten ausgetauscht werden. Hierauf wird unten noch eingegangen werden).

Lösch betrachtet zunächst die einzelnen Marktnetze für die verschiedenen Güter und variiert die räumliche Lage der Netze dann so lange, bis möglichst viele Produktionsstätten an jeweils denselben Ort bzw. in dieselbe Gegend zu liegen kommen, wobei im Mittelpunkt des Systems — und *nur* im Mittelpunkt — *alle* Güter produziert werden.

Hierin besteht eine wichtige Übereinstimmung zwischen den Systemen Christallers und Löschs: Bei der Standortwahl besteht jeweils eine Präferenz für die Nähe der schon bestehenden Produktionsstätten. Es gibt jedoch — wie bei Christaller — keine Agglomerationsvorteile, die sich in den Kostenfunktionen niederschlagen. Diese Vorteile sind infinitesimal klein, kleiner als jede mögliche Kostendifferenz, aber größer als Null. Daher werden die schon *bestehenden* Orte nur unter der strikten *ceteris-paribus-Bedingung* vorgezogen.

Während bei Christaller mit der Entstehung der B-Orte die Lage sämtlicher Orte des Systems eindeutig bestimmt ist, besitzt das Lösch-System nach der Festlegung der Standorte für die einzelnen Bauernhöfe *und* der Bestimmung des Zentrums noch genau einen Freiheitsgrad. Zwar sind mit der Wahl des Zentrums die Standorte für Güter Nr. 2, Nr. 3 eindeutig festgelegt, Gut Nr. 4 kann jedoch entweder am

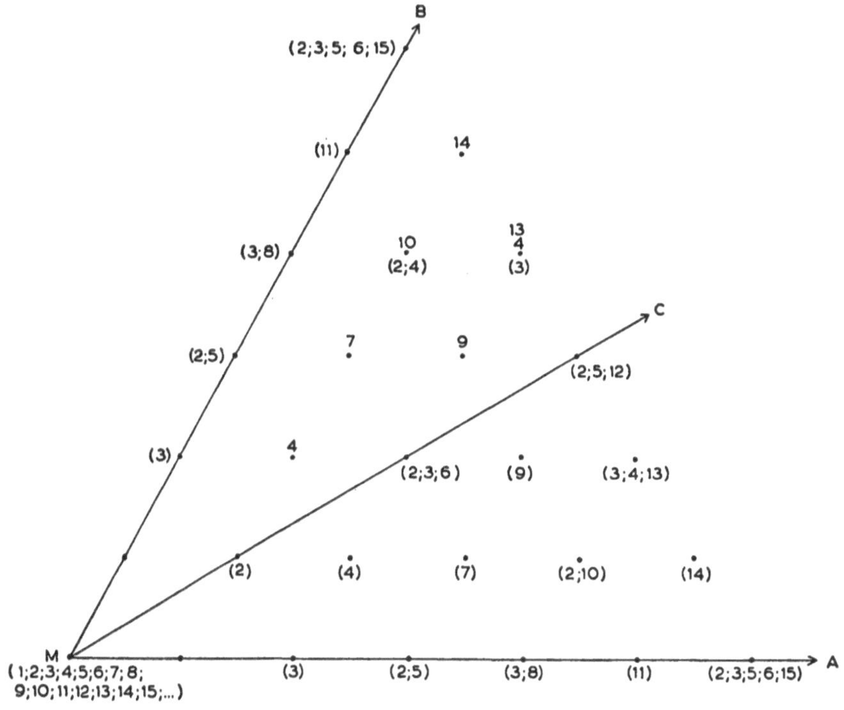

Abb. 2: Ausschnitt aus dem Lösch-System.

Ort (4) oder an dem (in bezug auf MC) symmetrisch hierzu gelegenen, von M gleich weit entfernten Orte 4 (Bezeichnung ohne Klammer) produziert werden, wie aus Abbildung 2 hervorgeht. (Alle anderen Standorte für Gut 4 würden ebenfalls spiegelbildlich zur Achse MC verlagert werden.) In Abbildung 2 ist nur ein Teil eines Sektors des Lösch-Systems wiedergegeben worden, ein Sektor im Winkel von 60°, der die Linie MA selbst einschließt, nicht aber die Linie MB, und es sind nur zu diesem Sektor gehörige Orte bezeichnet worden. Da das Lösch-System — wegen der sechsfachen Symmetrie, wie in jedem regelmäßigen Sechseck — in bezug auf Drehungen um Vielfache von 60° um den Mittelpunkt symmetrisch ist, genügt dieser eine Sektor zur Charakterisierung des Gesamtsystems.

In Abbildung 2 wird die untere Hälfte (CMA) des abgebildeten Sektors dichter besiedelt als die obere Hälfte. Hätte sich Betrieb 4 für den Standort 4 (in der Zeichnung ohne Klammer) entschieden, wäre das Resultat genau umgekehrt. Dann würden nämlich auch die Standorte für die Güter 7, 9, 13 etc. — statt in der unteren Hälfte an den durch (7), (9), (3; 4; 13) bezeichneten Orten — innerhalb der oberen Hälfte des Sektors (BMA) liegen, und zwar (in bezug auf MC) symmetrisch zu diesen Punkten. Bei Christaller dagegen gibt es keine solchen Unterschiede in der Dichte der Besiedelung.

Die wesentlichsten *Unterschiede* zu Christallers hierarchischem System kann man in folgender Weise zusammenfassen: Erstens sind wegen der größeren Zahl der möglichen Ausdehnung für die Absatzgebiete die Abweichungen von der optimalen Betriebsgröße weit geringer als bei Christaller, bei dem sich die möglichen Absatzgebiete in der Größe jeweils mit dem Faktor 3 multiplizieren. Von Lösch werden Güter mit nicht-optimaler Größe des Absatzgebietes nicht betrachtet. Zweitens findet eine gewisse Spezialisierung zwischen den einzelnen Siedlungen oder Orten statt. Nur der Mittelpunkt des Systems produziert, wie bei Christaller, alle Güter. Das Gut Nr. 6 (mit dem sechstkleinsten Gebiet) wird zum Beispiel — wenn die Größe der Orte proportional zur Zahl der ansässigen Betriebe ist — an einem größeren Ort hergestellt als Gut 7, Gut 8 wieder an einem größeren Ort als Gut 9[17]. Wie in der Realität, so werden also manche Großstädte von kleineren Orten mit Waren beliefert, die die Großstädte nicht selbst produzieren, was bei Christaller ausgeschlossen ist. Drittens ist an dieser Stelle zu betonen, daß bei Lösch ohne zusätzliche Annahmen fast keine Angaben über die (relative) Größe der einzelnen Städte möglich sind. Es ist andernfalls keine Aussage darüber möglich, welcher zum Beispiel unter den Orten

---

[17] Vgl. dazu die Darstellung bei W. F. *Stolper*, Standorttheorie und Theorie des internationalen Handels, Zeitschrift für die gesamte Staatswissenschaft 112: 193—217 (1956).

(2), (3), (4), (7), (9), (11), (14) oder auch unter den Orten (7), (3;8), (9), (2;10), (11), (2;5;12), (2;4;13), (14) und (2;3;5;6;15) der größte ist. Unter den in Abb. 2 erscheinenden Orten kann ohne zusätzliche Annahmen für den Ort (2; 3; 6) nur folgendes gesagt werden: es sind außer den unbezeichneten Orten (die nur Gut 1 produzieren) nur die Orte (2) und (3) unter allen Umständen kleiner und nur der eine Ort (2; 3; 5; 6; 15) in jedem Falle größer.

Lösch wählt zwar als Maßstab für die Größe der Städte die Zahl der Betriebe[18] — was zwar meistens, in der Realität jedoch keineswegs notwendigerweise stimmt. Dies bringt jedoch eine zusätzliche Annahme in das bestehende System hinein, eine zusätzliche Annahme, die bei Christaller fehlt und auch nicht nötig ist für Christallers allerdings schwache Aussage über die Größenrelationen der Städte[19].

c) *Würdigung der Systeme von Christaller und Lösch*

(1) Die beiden Systeme von Christaller und Lösch stimmen zwar in den jeweils zugrundegelegten optimalen sechseckigen Absatzgebieten überein; sie sind jedoch in der Grundkonstruktion der *Marktsysteme* verschieden. Man kann deshalb die Ableitungen Löschs weder als eine Erweiterung noch als eine mathematische Fundierung des hierarchischen Systems der zentralen Orte Christallers bezeichnen. — Das System Löschs ist viel komplizierter, und zwar infolge der unterschiedlichen Annahmen über die Entstehung der Marktnetze, als das Christallers. Für Christallers Modell genügte der eine Beweis, daß eine Sechseck-Anordnung die optimale Aufteilung einer Fläche vom Standpunkt der Minimierung der Transportkosten darstellt.

Die Systeme haben gemeinsam, daß ein Netz von Märkten für beliebig große Zahlen von Gütern aufgebaut und ein interdependentes Totalsystem abgeleitet wird praktisch durch die Addition von rein partialanalytisch gewonnenen Einzelergebnissen. Dies führt notwendigerweise zu inneren Widersprüchen der Systeme, denn die Zusammenfügung von Partialsystemen ergibt kein Totalsystem.

Der größte Mangel ist die Vernachlässigung der Bevölkerungsbewegungen. Einerseits wird in den Partialmodellen für die einzelnen Güter eine gleichmäßig verteilte Bevölkerung mit überall gleicher Kaufkraft und identischen Präferenzen unterstellt, andererseits aber impliziert das Entstehen der Städte Bevölkerungsbewegungen, und dadurch wird

---

18 Lösch macht damit implicite die Annahme, daß alle Betriebe gleich viele Beschäftigte besitzen und die Bevölkerung nur aus Beschäftigten besteht bzw. daß die Relation zwischen der Zahl der Beschäftigten und der Zahl der übrigen Bewohner überall dieselbe ist.

19 Später folgen bei Christaller weitere Aussagen über die Größe der Städte; vgl. dazu W. *Christaller*, op. cit., S. 72 ff.

die ursprüngliche sehr wesentliche Annahme unhaltbar. Hierauf hat vor allem W. Isard hingewiesen und das System teilweise modifiziert[20]. Gegen die Darstellung Isards ist jedoch noch immer der wichtige Einwand möglich, daß erstens die Zahlungsbilanzbedingungen vernachlässigt werden und zweitens auch die unter der Berücksichtigung der Bevölkerungsbewegungen abgeleiteten Absatzgebiete möglicherweise zu korrigieren sind. Denn die durch die Bevölkerungsbewegungen bedingten regionalen Unterschiede in der optimalen Betriebsgröße werden nicht berücksichtigt, und wegen der Produktdifferenzierung (bzw. persönlichen Präferenzen) und der Preisdiskriminierung lassen sich die Absatzgebiete von Konkurrenten in der Regel nicht klar abgrenzen. Meistens finden in der Realität starke Überschneidungen der Marktbereiche statt. Weiterhin wäre zu untersuchen, wie sich bei Bevölkerungskonzentrationen die geographische Größe des Marktes ändert. Diese hängt unter anderem davon ab, in welcher Weise durch die Bevölkerungskonzentration die optimale Betriebsgröße beeinflußt wird, ob unterschiedliche Produktionsprozesse mit stark unterschiedlichen Betriebsgrößen zur Wahl stehen oder nicht. Bei der Errichtung von Großbetrieben in den größeren Städten kann sich das geographische Absatzgebiet sogar vergrößern, während möglicherweise in dünn besiedelten Gebieten Kleinbetriebe mit sehr geringem Absatzradius weiterbestehen.

Das System der regelmäßigen Bienenwaben würde selbst bei fehlenden Überschneidungen in den Absatzgebieten nur unter der sehr unrealistischen Bedingung Gültigkeit behalten, daß durch die geschehene Produktionskonzentration die regionale Nachfrageverteilung nicht beeinflußt wird. Weiterhin sind sehr restriktive Annahmen notwendig, damit die Zahlungsbilanzbedingungen nicht verletzt werden.

Die ursprüngliche gleichmäßige Verteilung der Bevölkerung darf aus diesen Gründen nicht geändert werden. Das führt zu folgender Bedingung: Alle in den einzelnen Industrien Beschäftigten sind Pendler *und* werden *gleichmäßig* aus dem ganzen Marktbereich der jeweiligen Industrie gezogen. Die Arbeitnehmer sind für die Beschäftigung in jeweils einer bestimmten Industrie besonders qualifiziert, und für jeden Arbeitnehmer kommt — unabhängig von der interindustriellen Lohnstruktur und von der Länge der Arbeitswege — von vornherein nur die Beschäftigung in dieser Industrie in Frage. Ein Überwechseln in eine näher gelegene Industrie muß ausgeschlossen werden, denn dann wären die Löhne abzüglich der Arbeitswegkosten und -mühen und/oder die Lohnkosten bei Unternehmungen derselben Branche regional verschieden, und dies widerspräche der Annahme der gleichmäßigen Verteilung der Nachfrage (oder der Annahme der überall gleichen Pro-

[20] W. *Isard*, op. cit., S. 270 ff.

duktionsbedingungen). Die Pendler müssen also von jedem einzelnen Betriebe gleichmäßig aus genau dem gesamten *eigenen* Absatzgebiet gezogen werden. Diese Bedingungen beinhalten, daß bei der Arbeitsplatzbestimmung der ökonomische Ausgleichsmechanismus weitgehend außer Kraft gesetzt werden muß.

Alle übrigen Inputs müssen ebenfalls (zu überall gleichen Kosten) aus dem jeweiligen gesamten Marktgebiet bezogen werden (soweit nicht lediglich Ubiquitäten verarbeitet werden). Das bedeutet weiterhin, daß die Städte bzw. Industrien untereinander keine Waren austauschen dürfen. Denn ein Warenaustausch der Städte untereinander würde in diesem System den durch die oben genannten Annahmen garantierten Zahlungsbilanzausgleich unmöglich machen *und* die Kosten derselben Branche von Stadt zu Stadt zum Teil verschiedenartig beeinflussen, da die Abstände zwischen den nächsten Standorten der Produktionsstätten zweier beliebiger Branchen nicht überall gleich sind. (Im Zentrum des Systems sind sie beispielsweise für alle Industrien praktisch gleich Null.) Die Kostenlage würde damit von Ort zu Ort variieren, und das würde zu Unterschieden in den optimalen Absatzradien von Unternehmen derselben Branche führen. Aus diesen Gründen muß also das, was als ein im Vergleich zu Christallers System realistischer Zug am Modell Löschs hervorgehoben worden war, nämlich die teilweise Spezialisierung der Städte und ein Warenaustausch der Städte untereinander, wieder ausgeschaltet werden, wenn die Widersprüche beseitigt werden sollen.

Es gibt somit in beiden Systemen — gegen Christallers hierarchisches System lassen sich ähnliche wie die oben aufgezählten Argumente anführen — nur einen Austausch von Nahrungsmitteln und (ebenfalls gleichmäßig verteilten) Rohstoffen gegen Industrieprodukte, nicht aber einen Tausch der Städte untereinander. Da alle in den Industrien Beschäftigten Pendler sind, die ihre Konsumgüter an ihrem Wohnort einkaufen, verändert sich mit dem Entstehen der Industrien die Intensität der Landwirtschaft überall in genau derselben Weise, sie ist also trotz der ungleichmäßigen Verteilung der Industrien und der Herausbildung von Großstädten auch noch zum Schluß überall gleich.

Die Unterschiede in der Konstruktion der Marktsysteme Christallers und Löschs können wir nun in folgender Weise interpretieren. Bei Christaller handelt es sich um die Betrachtung eines zu Beginn sehr dünn besiedelten Gebietes, innerhalb dessen die Bevölkerungsdichte und die Kaufkraft langsam anwachsen. So ist auch die Forderung am leichtesten einzusehen, daß jede weitere betrachtete Branche als *ersten* Standort die schon bestehenden zentralen Orte wählt und es zu keiner Neu-Anordnung der Standorte kommt, auch wenn Hypergewinne erzielt werden. Die Unternehmungen an den zentralen Orten höherer Ordnung sind eben schon etabliert, und zwar zu einer Zeit, als die Bevölkerungsdichte noch viel geringer war, und sie können deshalb nicht ohne weiteres verlegt werden, besonders wenn große Anlage-Investitionen getätigt worden sind. Diese Unternehmungen an den zentralen Orten höherer Ordnung machen somit *später*, nach Anwachsen der Nachfrage, Hypergewinnne aufgrund der Tatsache, daß sie als erste die Produktion des betreffenden Gutes aufgenommen haben. — Löschs System kann man demgegenüber interpretieren als das Modell der Entwicklung eines schon von Anfang an dicht besiedelten Gebietes mit zunächst nur autarken einzeln gelegenen Bauernhöfen, in dem im Zuge der wirtschaftlichen Entwicklung sukzessive neue Güter mit immer größerem optimalem Absatzradius produziert und angeboten werden.

Als letztes müssen noch die Aussagen Löschs über die optimale Anordnung der Absatzgebiete qualifiziert werden. Es wurde oben (S. 88) schon erwähnt, daß ein Optimum der räumlichen Anordnung nicht nur bei Gütern mit den von Lösch betrachteten Absatzradien möglich ist, sondern auch bei Gütern, deren optimale Ausbringungsmenge je Betrieb zum Beispiel der Nachfrage von *zwei* Orten entspricht. Es könnten zwei solche Güter an jedem zweiten Ort hergestellt und unter je zwei benachbarten Orten ausgetauscht werden, ohne daß die Optimalbedingungen verletzt zu werden brauchen. Diese Feststellung läßt sich verallgemeinern: Die Sechseck-Anordnung der Marktgebiete ist unter den Bedingungen des Modells zwar immer optimal; diese Anordnung ist jedoch nur dann das *einzige* Optimum, wenn das gesamte Gebiet auch *zwischen* den kleinsten zentralen Orten dicht besiedelt ist oder wenn die Nachfrager ihre Käufe an den Produktionsorten selbst abholen *und* dabei jeweils nur *einen* Kauf tätigen. Das Lösch-System ist streng genommen überhaupt nur unter der Bedingung dichter Besiedelung der Fläche anwendbar, denn wenn das Gebiet zwischen den (in Abbildung 2 eingezeichneten) Orten nicht besiedelt ist, haben die Aussagen über die Marktgrenzen keine Bedeutung: Weder an den bezeichneten Marktgrenzen noch an anderen Punkten außerhalb der Orte werden irgendwelche Transaktionen getätigt; es existieren dort folglich auch keine Preise. Wir hätten ein Niemandsland und könnten auch nicht von Markt*grenzen* sprechen. Denn die Absatzgebiete wären nicht die Sechseck-Flächen, sondern nur die einzelnen belieferten Punkte. Bei dichter Besiedelung dagegen werden nicht nur eine bestimmte Anzahl von (zentralen) Orten beliefert, sondern diese Orte und deren gesamtes (sechseckförmiges) Hinterland.

Als Begründung für die eben getroffene Feststellung über die Möglichkeit der Existenz mehrer Optima für den Fall, daß die Fläche zwischen den bezeichneten Orten nicht besiedelt ist, mag folgendes Beispiel dienen. Nehmen wir an, die Güter werden von den Produzenten an die Käufer ins Haus geliefert; jeder Produzent kann auf einer einzigen Rundfahrt alle seine Kunden versorgen (ähnlich wie beim *Travelling-Salesman*-Problem); und betrachten wir nun ein Gut, dessen optimale betriebliche Ausbringungsmenge gleich der Nachfrage von insgesamt sieben Siedlungen ist (einschließlich des Produktionsortes). In diesem Falle erfordert eine Rundfahrt zur Belieferung der sechs um den Mittelpunkt M (vgl. Abb. 2) gelegenen (unbezeichneten) Siedlungen nicht weniger Kosten, als wenn von M aus die folgenden sechs Orte in der angegebenen Reihenfolge aufgesucht werden: 1. der nächste (unbezeichnete) Ort östlich von M, 2. Ort (3), 3. Ort (2; 5), 4. Ort (4), 5. Ort (2) und 6. der nächste nordöstlich von M (auf Linie MB). Dies hat noch eine weitere Konsequenz: Unter den *(ceteris-paribus-)* Bedingungen des Lösch-Modells ist jeder der genannten insgesamt sieben Orte gleich gut geeignet als Standort. Dies wiederum ist — auch ohne daß die Lösch-Bedingungen aufrechterhalten werden müssen — die Begründung dafür, warum ins Haus liefernde Handwerksbetriebe ihren Sitz nicht im Stadtzentrum zu wählen haben; denn außerhalb des Zentrums können sie die hohen Mieten des Zentrums vermeiden und sparen möglicherweise auch Transportkosten beim Einkauf ihrer Rohstoffe.

Unter der Annahme der Hauslieferung der Produkte oder Leistungen ist eine Sechseck-Anordnung folglich nur dann notwendigerweise das einzige Optimum, wenn jeder Punkt innerhalb der gesamten Marktfläche zu beliefern ist und nach jeder einzelnen Transaktion eine Rückkehr an den Ausgangsort notwendig ist — wenn also die Lieferanten auf jeder Rundfahrt nur einen Kunden beliefern bzw. wenn im umgekehrten Falle, beim Abholen der Güter, die Käufer bei jedem Marktgang nur *ein* Gut kaufen können. Genau dies ist eine der Implikationen der Feststellung, daß im Lösch-System wie auch bei Christaller keine externen Ersparnisse auftreten dürfen. (Auf externe Ersparnisse beim Einkauf und die dadurch bedingte Entwicklung von großen Einkaufszentren komme ich unten noch zurück.)

(2) Bei der Würdigung dieser beiden Modelle ist folgendes zu betonen. Es geht hier nicht um eine theoriegeschichtliche Einordnung der beiden Autoren oder gar um ein Urteil über die Gesamtleistung Christallers und Löschs oder eine vergleichende Bewertung der beiden Werke *Die zentralen Orte in Süddeutschland* und *Die räumliche Ordnung der Wirtschaft*. Die vorliegende Diskussion bezieht sich lediglich auf die beiden Modelle der Standortstruktur.

Bei dieser Würdigung der Modelle kann man neben der Frage nach der Originalität zweierlei Maßstäbe anlegen: einerseits den Grad der inneren Geschlossenheit der Systeme unter Berücksichtigung all der zusätzlichen Annahmen und Modifikationen, die zur Beseitigung der Widersprüche notwendig sind, und andererseits die Zahl und die Bedeutung der realistischen Elemente, die Übereinstimmung der *Grundstruktur* mit der Realität oder die Möglichkeit, neue, wenn auch vielleicht nur indirekt für die Beschreibung der Wirklichkeit brauchbare Erkenntnisse zu gewinnen. Wenn unter dem ersten Gesichtspunkt zum Zwecke der Ermittlung von Möglichkeiten der Weiterentwicklung der Modelle starke Kritik an ihnen geübt worden ist, so darf doch keinen Augenblick vergessen werden: Diese beiden Modelle sind die ersten exakt abgeleiteten Systeme, mit denen auf einer in jeder Beziehung homogenen Fläche eine Differenzierung in der Landschaftsstruktur abgeleitet und — vor allem bei Lösch — die komplizierte Interdependenz der räumlichen Systeme schon bei sehr stark vereinfachten Annahmen aufgezeigt worden ist. Deshalb halte ich eine Gesamtwürdigung auf Grund des zweiten Kriteriums für weit mehr gerechtfertigt als auf Grund des ersten Kriteriums.

Nach diesem zweiten Kriterium möchte ich hier als die wichtigsten Punkte folgende hervorheben: Das System Löschs ist realistisch und ausbaufähig insofern, als eine *Spezialisierung der Städte* und eine *weitgehende Differenzierung* der Landschaftsstruktur abgeleitet wird. Im *Endresultat*, als *System der hierarchischen Ordnung* der zentralen Orte, stimmt dagegen Christallers System nicht nur besser mit der Wirklichkeit überein, wie die Verifizierung für den süddeutschen Raum durch Christaller gezeigt hat, sondern es hat zudem den Vorzug der größeren Einfachheit. (Das besagt jedoch noch nichts darüber, ob die zu diesem Endresultat führenden Annahmen der Realität entsprechen. Denn die Einfachheit wird erkauft durch entsprechende unrealistische Annahmen.)

Eine Weiterentwicklung dieser Systeme hat als wesentliche Elemente einerseits — von Lösch — die teilweise Spezialisierung der Städte und damit den Austausch der Städte untereinander und andererseits, vor allem soweit es sich um eine zu Beginn homogene Fläche und um ein Stadium der wirtschaftlichen Entwicklung mit großer Abhängigkeit von Boden-Inputs handelt, die Christaller'sche Grundstruktur einer hierarchischen Ordnung der Städte zu enthalten. Diese beiden Elemente können jedoch nicht einfach von Christaller und Lösch „übernommen" werden, sondern sie sind erst aus den fundamentalen Annahmen in widerspruchsfreier Weise abzuleiten.

III. Die Gleichgewichtsbedingungen, die Ausgleichsmechanismen und die Möglichkeiten der Ableitung der regionalen Struktur mit Hilfe von Totalmodellen

Bei der Diskussion der Modelle von Christaller und Lösch sind schon einige Gleichgewichtsbedingungen genannt worden, die in einem widerspruchsfreien System erfüllt werden müssen, und auch einige der wichtigsten Möglichkeiten des interregionalen Ausgleichs erwähnt worden. Bevor ich zu den weiteren Ableitungen übergehe, möchte ich an dieser Stelle die wichtigsten Gleichgewichtsbedingungen kurz systematisch zusammenfassen. (Nur durch die Oligopol- oder Spieltheorie faßbare Situationen werde ich jedoch nicht betrachten.) Diese Gleichgewichtsbedingungen und auch die Ausgleichsmechanismen sind, wenn wie üblich die Maxime der Nutzen- oder Gewinnmaximierung unterstellt wird, entweder mit den für eine Ein-Punkt-Wirtschaft geltenden identisch oder lassen sich leicht aus ihnen ableiten. Man braucht sich nur klarzumachen, daß an verschiedenen Orten befindliche (technisch identische) Güter im ökonomischen Sinne verschiedene Güter sind und der Transport im Prinzip dieselbe Transformation darstellt wie eine Bearbeitung.

(1) Für die Unternehmer- und Konsumentenhaushalte müssen im Gleichgewicht für sämtliche konsumierten und produzierten Güter (bzw. benutzten Prozesse) die Grenznutzen- bzw. Grenzerlösrelationen gleich den Preis- oder Grenzkostenrelationen sein. Für alle anderen (nicht produzierten oder nicht konsumierten) Güter und Prozesse gilt diese Gleichheit nicht.

(2) Die Kosten einer Transformation sind größer oder gleich der entsprechenden Preisdifferenz (also zwischen dem Preis des Ausgangsgutes und dem des Gutes, in das es transformiert worden ist). Dies gilt genau so wie für die Transformation des Gutes i in das Gut j, wobei die Kosten größer oder gleich dem *net value added* sind, wie für die räumliche Transformation eines Gutes durch den Transport: die (marginalen) Transportkosten sind größer oder gleich der räumlichen Preisdifferenz — dem *net value added by transportation* in Analogie zum *net value added by manufacture*.

(3) Für jede durch räumliche oder sektorale Aggregation gewonnene Einheit muß wie für jeden Einzelhaushalt die Zahlungsbilanz im Gleichgewicht ausgeglichen sein. Dadurch sind — entsprechend der üblichen Definition des Zahlungsbilanzgleichgewichts — weder langfristige Kapitalbewegungen noch Transferzahlungen ausgeschlossen.

(4) In einem Modell mit staatlicher Aktivität wären speziell die Bedingungen exakt herauszuarbeiten, unter denen der Staat bei einer Differenz zwischen den sozialen und den privaten Kosten durch eine entsprechende Steuer- und Ausgleichspolitik, vor allem durch eine regionale Strukturpolitik, zu einer Maximierung einer (numerisch formulierten) gesellschaftlichen Nutzenfunktion beitragen kann. Es wären hier unter anderem die diskontierten privaten Grenzkosten den diskontierten gesellschaftlichen Grenzkosten anzupassen.

Korrekturen von ungleichgewichtigen oder vom Standpunkt der gesellschaftlichen Nutzenfunktion unerwünschten Situationen können auf folgende Art und Weise zustandekommen (wir sehen hierbei von staatlichen Eingriffen wie Rationierung etc. ab.):

mit Hilfe von

(1) Preisänderungen und
(2) Einkommensänderungen,

sodann durch intersektorale und interregionale Neubeschäftigung bzw. Neukombination der Produktionsfaktoren; dies kann geschehen durch

(3) Änderung der Pendelbewegungen,
(4) Bevölkerungsbewegungen,
(5) Kapitalbewegungen und schließlich durch
(6) Transferzahlungen

Diese hier ganz allgemein angegebenen Gleichgewichtsbedingungen und Möglichkeiten des Ausgleichs wären durch Zugrundelegung von numerisch formulierten Funktionalzusammenhängen zu berücksichtigen. Die Stabilitätsforderung zum Beispiel im Falle eines Defizits einer bestimmten Region beinhaltet, daß jede der erwähnten Möglichkeiten dazu führt, daß — im Sinne des *Income-obsorption approach* — die Ausgaben der Region entweder stärker vermindert werden als die Einkommen oder aber daß die Ausgabenerhöhung geringer ist als die Einkommenserhöhung[21].

Bei der Ableitung einer regionalen Struktur in einem solchen Modell sind nicht nur eine Reihe von Sektoren und eine große Anzahl von Konsumentenhaushalten, sondern jeweils eine genügend große Zahl von alternativen Standorten oder Regionen zu berücksichtigen, und die Inputkoeffizienten sind als variabel anzunehmen. Deshalb wäre die Lösung eines solchen Systems selbst bei der Annahme von linear homogenen Produktions- und Transportfunktionen und bei Vernachlässigung von Zwischenprodukten und Kapitalgütern und des staatlichen Sektors schon sehr kompliziert. Gerade die vereinfachende Annahme über die lineare Homogenität der Produktionsfunktionen ist in diesem Fall jedoch unmöglich; denn die Berücksichtigung von internen Ersparnissen und Agglomerationsvorteilen ist unbedingt erforderlich. Das bedeutet praktisch, daß die Stückkosten bzw. Grenzkosten eines jeden Betriebes (oder Prozesses) nicht nur von der produzierten Menge, sondern auch davon abhängig sind, wie sämtliche anderen Unternehmen regional verteilt sind und wie hoch deren Outputmengen sind. Dies wiederum beinhaltet, *daß die Kosten- oder Produktionsfunktionen selbst eine Funktion sämtlicher Outputmengen aller Regionen sind.*

---

[21] Die entsprechenden Bedingungen für Faktorbewegungen sind vor allem von H. G. *Johnson* untersucht worden in Economic Expansion and International Trade, The Manchester School of Economic and Social Studies 23: 95—112 (1955).

Unter diesen Bedingungen sind die Modelle zwar *theoretisch* — in der Form der Gleichgewichtsbedingungen — lösbar, aber *praktisch* sehr schwer handzuhaben, also auch dann, wenn sämtliche Funktionen numerisch genau bekannt wären (was besonders bei externen Ersparnissen bzw. Agglomerationsvorteilen nicht der Fall ist). Denn bei Agglomerationsvorteilen und sinkenden Grenzkosten entsteht nicht nur eines, sondern eine möglicherweise sehr große Zahl von Optima, und es gibt bisher keine mathematische Methode, bei umfangreicheren praktischen Problemen das Optimum optimorum sicher zu bestimmen. Dies entspricht auch der „Lösung" durch den Marktmechanismus: der Anpassungsmechanismus führt nicht notwendigerweise zum Optimum optimorum.

Deshalb ist dieser Weg zur Ableitung einer Struktur der Landschaft nicht gangbar. Es bleibt daher nur die Möglichkeit, wie Christaller und Lösch von Partialmodellen auszugehen und innerhalb dieser Partialmodelle die Gleichgewichtsbedingungen später zu berücksichtigen. Diesen Weg werde ich im nun folgenden zweiten Teil meiner Darlegungen beschreiten.

Zweiter Teil

Die Weiterentwicklung der Christaller-Lösch-Modelle

Einleitung

Mit den nachfolgenden Ableitungen über die Struktur der Landschaft werde ich im einzelnen nachzuweisen versuchen, welche Arten von regionaler Differenzierung sich herausbilden unter alternativen Annahmen über den Grad der Homogenität der zugrundegelegten Fläche und über die Bedeutung der genannten drei raumdifferenzierenden Faktoren, wenn die Mechanismen des interregionalen und intersektoralen Ausgleichs sowie die Wirkungen der Preisdiskriminierung und Produktdifferenzierung in stärkerem Maße berücksichtigt werden als in den bisher diskutierten Modellen. Ich gehe in meinen Ausführungen davon aus, daß der betrachtete Wirtschaftsraum politisch geeint ist und die Bevölkerung in allen Landesteilen *im Durchschnitt* dieselben Charakteristika aufweist — die einzelnen Individuen brauchen also nicht identisch zu sein.

Bezüglich der Bedeutung der raumdifferenzierenden Faktoren werde ich in den Ableitungen in Abschnitt A annehmen, daß die Abhängigkeit der betrachteten Gesamtwirtschaft von Boden-Inputs bzw. von der Landwirtschaft zunächst sehr groß ist. Erst später (in Abschnitt B) untersuche ich, wie sehr sich das System ändern würde, wenn — der Realität entsprechend — die Abhängigkeit von der Landwirtschaft abnimmt, wenn zumindest bis zu einem bestimmten Punkt wachsende interne und externe Ersparnisse auftreten und wenn das Transportsystem weiter ausgebaut und immer effizienter wird, sodaß also der primäre Sektor dabei laufend — auf alle Fälle relativ zu den anderen Sektoren — an Bedeutung verliert, der sekundäre zumindest für lange Zeit absolut und relativ gewinnt und der tertiäre Sektor unter den drei Sektoren die größte Wachstumsrate hat. Hierdurch wird erreicht, daß zum Schluß die regionale Verteilung der Bevölkerung in starkem Maße unregelmäßig ist. Zu Anfang haben dagegen modifizierte Systeme in der Art der regelmäßigen Christaller-Lösch-Marktnetze eine weit größere Bedeutung.

Diese Art der Betrachtung kann in mancher Hinsicht als starke Vereinfachung der historischen Entwicklung interpretiert werden, in anderen wichtigen Beziehungen trifft diese Interpretation jedoch nicht die historische Wirklichkeit. Hier kommt es mir jedoch auf die Herausarbeitung einiger wichtiger Charakteristika der Entwicklung der Landschaftsstruktur unter vereinfachenden Bedingungen an, nicht aber auf irgendeine korrekte oder ausführliche Beschreibung historischer Entwicklungsphasen. Zu einem Gesamtsystem ausgebaut ist nur der Abschnitt A. In Abschnitt B wird lediglich durch die Untersuchung einer Reihe von gegenüber Abschnitt A notwendigen Modifikationen angedeutet, in welcher Richtung eine systematische Analyse der nächsten Entwicklungsphase voranzutreiben wäre.

Ich werde zuerst jeweils die in bestimmten optimalen Betriebsgrößen für die verschiedenen Industrien resultierenden internen Ersparnisse und anschließend auch die Wirkung von externen Ersparnissen in der Form von Agglomerationsvorteilen betrachten. Den Terminus „optimale Betriebsgröße" werde ich weiterhin so gebrauchen, daß er die optimale Betriebsgröße bei optimaler Anpassung an die optimale Produktionsmenge bezeichnet.

A. Das Gleichgewicht bei starker Abhängigkeit von der Landwirtschaft

Betrachten wir zunächst als Ausgangspunkt einen Zustand der Entwicklung, in dem es anfangs nur Landwirtschaft mit Selbstversorgung der Einzelbetriebe (in bezug auf die Herstellung der landwirtschaftlichen Geräte und sämtlicher Konsumgüter) gibt. Erst später entstehen zunächst kleine und schließlich auch größere Industriebetriebe[22].

---

[22] Der Einfachheit der Darstellung halber wird im folgenden nicht unterschieden werden nach Handwerks- und Industriebetrieben. Unter „Industrie-

I. Reine Agrarwirtschaft

(1) In einer reinen Agrarwirtschaft ist auf einer homogenen Fläche unter den gesetzten Annahmen die *anfängliche* Bevölkerungsverteilung gleichgültig. Durch Bevölkerungsbewegungen jeweils zum Punkt der höchsten Grenzproduktivität der Arbeit kommt es schließlich in jedem Falle zu einer gleichmäßigen Verteilung der Bevölkerung über die gesamte Fläche und einem Ausgleich der (Real-)Einkommen. Wegen des Fehlens sämtlicher Agglomerationsvorteile findet eine Anordnung der einzelnen Bauernhöfe in den Mittelpunkten regelmäßiger Sechsecke statt — wie bei Lösch (vgl. Abb. 3).

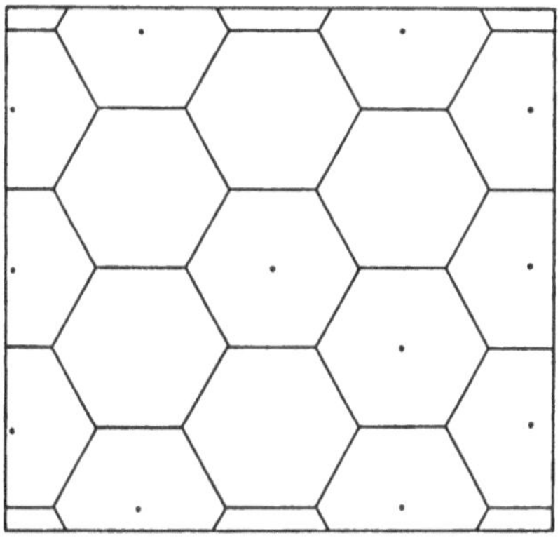

Abb. 3: Anordnung der kleinsten räumlichen Einheiten.

(2) Auf einer unregelmäßigen Fläche mit regional unterschiedlichen Bodenqualitäten und klimatischen Verhältnissen wird sich durch Bevölkerungsbewegungen (und in dieser Phase der wirtschaftlichen Entwicklung möglicherweise auch durch eine verschieden schnelle Bevölkerungsentwicklung in den einzelnen Gebieten — u. a. durch unterschiedliche Kinderzahl und Anpassung des Heiratsalters) eine solche Bevölkerungsdichte einstellen, daß der *Gesamtnutzen aus Arbeitseinkommen und Freizeit* überall gleich ist. Es braucht deshalb im Gleichgewichtszustand keineswegs ein interregionaler Ausgleich der Realeinkommen stattzufinden — selbst wenn alle Individuen identische Präferenzskalen besitzen und selbst für den Fall, daß es nur *ein Gut* gibt und alle Probleme des interregionalen Realeinkommensvergleichs damit ausgeschaltet worden sind.

(3) Im Zusammenhang mit dem notwendigen Anpassungsmechanismus ist jedoch auf einen Umstand hinzuweisen, der sich möglicherweise

betriebe" fallen alle Betriebe, die nicht zum Agrar- oder tertiären Sektor der Wirtschaft gehören.

destabilisierend auswirkt und der in der Realität unter bestimmten Bedingungen in Notstandsgebieten beachtet werden kann. Wenn die Wanderung selbst mit relativ hohen Kosten (in der Realität z. B. auch Ausbildungskosten für einen neuen Beruf) verbunden ist, dann kann der Fall eintreten, daß die Abwanderung aus den ärmeren Gebieten geringer ist als aus den reicheren Regionen, deren Bewohner sich die Umzugs- und Ausbildungskosten eher leisten können[23].

II. Landwirtschaft und kleiner sekundärer Sektor auf einer homogenen Fläche

a) Die kleinsten räumlichen Einheiten

Gehen wir jetzt einen Schritt weiter und untersuchen wir die räumliche Anordnung von aufkommenden kleinen Industriebetrieben. Im Gegensatz zu Christaller und Lösch, in deren Modellen der optimale Absatzradius von Gut zu Gut (mehr oder weniger kontinuierlich) ansteigt, untersuche ich den Fall, daß der optimale Absatzbereich jeweils für eine Reihe von Gütern *gleich groß* ist. Hierdurch ergeben sich eine Reihe wichtiger Unterschiede in den Resultaten. Nehmen wir an, es handele sich um drei oder vier oder sieben Industrieprodukte mit gleich großem optimalen Marktbereich, wobei der optimale Marktbereich bzw. die optimale Betriebsgröße hauptsächlich durch technologische Faktoren und Diskontinuitäten in der Beschäftigtenzahl bestimmt wird. Hierbei gelangt man zu folgenden räumlichen Anordnungen:

(1) Die Betriebe *derselben* Industrie sind wie bei Lösch und Christaller zum Zwecke der *Minimierung der Transportkosten* oder -wege in regelmäßigen Sechsecken angeordnet — genau so wie die in Abb. 3 dargestellte Verteilung. Beginnen wir mit den Betrieben einer bestimmten Industrie 1 und fragen wir nun nach der optimalen Lage anderer Betriebe im Vergleich zu diesen Betrieben. Wenn wir hierbei die von Lösch vernachlässigten Zahlungsbilanzbedingungen und die allgemeine Interdependenz der einzelnen Industrien beachten, dann müssen wir an dieser Stelle (bei noch fehlenden Agglomerationsvorteilen) einen ganz anderen Akzent setzen als Lösch: Die Unternehmer der kleinen Industriebetriebe suchen sich für ihre Betriebe den Standort, an dem die Nahrungsmittel möglichst billig sind und wo am leichtesten Arbeitskräfte zu finden sind. An solchen Orten sind die Nominallöhne niedriger und die Gewinne höher als anderswo. Diese optimalen Standorte befinden sich jeweils *zwischen* den anderen Betrieben, und zwar derart, daß die Entfernungen jedes der Betriebe 1 bis 7 von *allen* anderen Betrieben maximiert werden.

[23] Vgl. dazu auch H. *Niehaus*, Diskussionsbeitrag, Probleme des räumlichen Gleichgewichts in der Wirtschaftswissenschaft, loc. cit., S. 127.

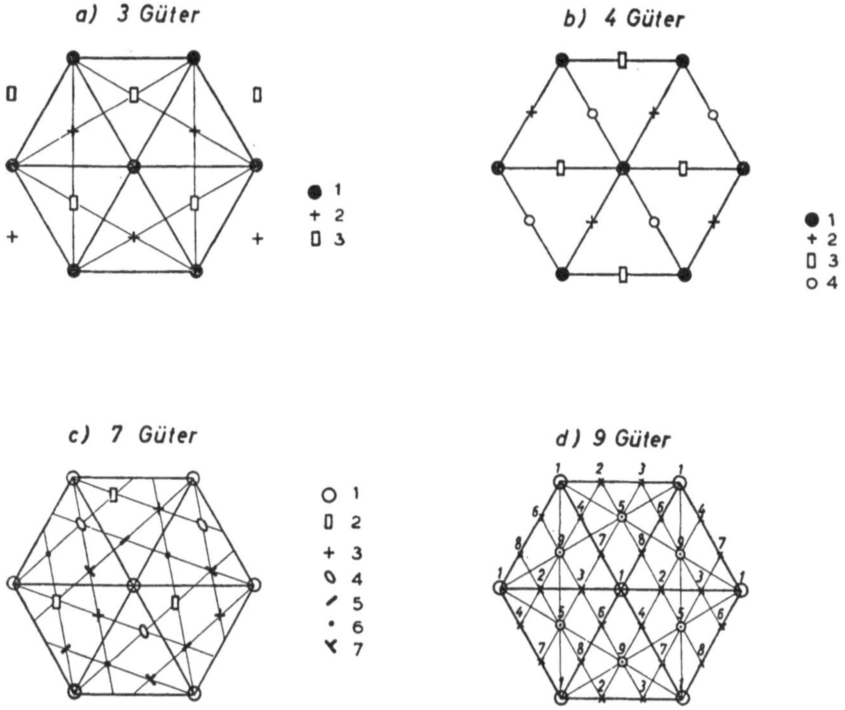

Abb. 4: Räumliche Einordnung der Betriebe von insgesamt drei, vier, sieben und neun verschiedenen Branchen mit gleich großem Absatzradius zwischen die Orte der Branche 1.

In Abb. 4 werden (unter teilweiser Andeutung des jeweiligen Konstruktionsprinzips) die Möglichkeiten der räumlichen Einordnung der Betriebe anderer Branchen zwischen die bestehenden Produktionsstätten der Branche 1 für insgesamt drei, vier, sieben, neun und zwölf Branchen wiedergegeben. Es ergibt sich schließlich eine Anordnung der *Gesamtheit* der Betriebe der verschiedenen Branchen genau wie in Abb. 3.

Wenn man annimmt, daß es insgesamt sieben verschiedene Industrien gibt, dann ergibt sich für die Anordnung der Betriebe und die Absatzbereiche der Einzelbetriebe das in Abb. 5 dargestellte Bild. Um das in Abb. 5 für die sieben Industrien im einzelnen dargestellte Endresultat zu erhalten, brauchte man nur die einzelnen Punkte der Abb. 3 neu zu interpretieren: Es handelt sich jetzt um Betriebe nicht einer Branche, sondern von sieben verschiedenen Branchen. Jeder siebente Punkt stellt einen Betrieb derselben Branche dar, die gleich großen Marktnetze der verschiedenen Güter durchdringen sich gegenseitig.

(2) Wenn die Wertschöpfung der Betriebe der sieben verschiedenen Branchen gleich ist und die Betriebe als Inputs nur Arbeit und Ubiquitäten (überall vorhandene Rohstoffe) verwenden[24], können wir folgendes feststellen: Wir haben eine optimale Verteilung der kleinsten räumlichen Einheiten erhalten; es hat sich eine Spezialisierung der Einheiten herausgebildet und damit ein interregionaler Austausch im kleinen Rahmen von je 7 Betrieben; und es herrscht zum Schluß ein Zahlungsbilanzgleichgewicht. Bevölkerungsbewegungen haben nur *innerhalb* der kleinsten Sechsecke stattgefunden, falls nicht die kleinsten Einheiten Bauernhöfe sind: in diesem Falle sind noch keinerlei Bevölkerungsbewegungen nötig gewesen[25].

Wenn in den betrachteten kleinsten Einheiten die notwendigen Arbeitsinputs bei optimaler Betriebsgröße in den einzelnen Industrien nicht gleich sind, kann zumindest ein teilweiser Ausgleich der Wertschöpfungen und damit des Realeinkommens durch eine mehr oder weniger weitgehende Betätigung (im Nebenerwerb) in der Landwirtschaft geschehen.

Man kann schon in diesem Stadium der Entwicklung persönliche Präferenzen und eine gewisse Produktdifferenzierung zulassen. Wenn die Präferenzen der Konsumenten sich gegenseitig aufheben, ändert sich hierdurch nichts an der räumlichen Anordnung der Betriebe. Ein Unterschied besteht lediglich darin, daß die Abgrenzung der Marktgebiete weniger scharf ist und man nur noch von *beherrschten,* aber nicht mehr *ausschließlichen* Marktgebieten sprechen kann. Wenn die Waren ins Haus geliefert werden, besteht die optimale Preispolitik in einer Preisdifferenzierung. Falls die Waren oder Dienstleistungen von den Käufern abgeholt werden, ist dies jedoch unmöglich.

b) Größere Marktgebiete

Wir haben mit den in Abb. 5 wiedergegebenen Netzen eine theoretische räumliche Grundstruktur erhalten, auf der wir die größeren Marktbereiche aufbauen können. Man kann als nächsten Schritt die folgende, für den größten Teil zumindest Europas realistische Annahme machen, daß Agglomerationsvorteile zu einer räumlichen Konzentration einer bestimmten Zahl der kleinsten Einheiten führen und sich somit Dörfer herausbilden. Wenn man von den soziologischen und politischen Faktoren absieht, die eine Agglomeration in Dörfern begünstigen, dann kommt es auf folgende *ökonomische* Faktoren an: Die Vor-

---

[24] — oder von so weit her importierte Güter, daß die Transportkosten für alle Betriebe gleich hoch sind.

[25] In diesem Falle ist auch das Resultat der Spezialisierung am leichtesten einzusehen. Einige betreiben eine Schmiede, andere eine Tischlerei, dritte einen Baubetrieb, aber niemand betätigt sich in allem gleichzeitig.

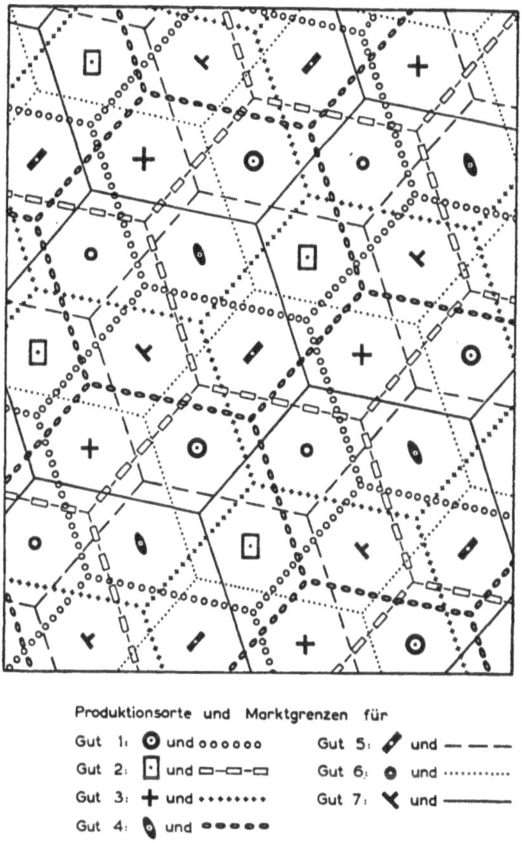

Abb. 5: Produktionsorte und Marktgrenzen für sieben Güter mit gleichem Absatzradius.

teile geringer Entfernungen beim Einkauf und ganz allgemein im Geschäfts- und Behördenverkehr, bei der Nachbarschaftshilfe und beim Schulweg müssen größer sein als die aus größeren Entfernungen bis zu den Feldern resultierenden Nachteile.

Durch diese Agglomeration werden die *Dörfer* zu den kleinsten räumlichen Einheiten, und wegen der Transportkosten zwischen den Dörfern wird die für die sieben Güter abgeleitete gegenseitige (in Abb. 5 dargestellte) Durchdringung der Marktnetze wieder aufgehoben und nur noch durch Produktionsdifferenzierung und persönliche Präferenzen möglicherweise zum Teil aufrechterhalten. Die einzelnen Dörfer sind in bezug auf die betrachteten 7 Güter im wesentlichen autark.

Damit stellen die in Sechseck-Anordnung gelegenen *Dörfer* die eigentliche räumliche Grundstruktur dar. Für die folgenden Ableitungen ist es gleichgültig, wie viele Betriebe oder Wirtschaftsobjekte sich jeweils in einem Dorf konzentrieren. (Es ist sogar im Prinzip unwesentlich, ob überhaupt Landwirtschaft treibende Dörfer entstehen; die kleinsten räumlichen Einheiten könnten — genau so wie zu Beginn oben angenommen — auch weiterhin landwirtschaftliche Einzelsiedlungen sein.)

Wenn man jetzt für die nächst*größeren* Industriebetriebe eine ähnliche Annahme macht wie für die in jedem Dorf vorhandenen Betriebe 1 bis 7: daß für sieben ungefähr gleich große Industrien 8 bis 14 jedes *siebente* Dorf den optimalen Standort darstellt, dann ergibt sich dieselbe Struktur wie in Abb. 5, jedoch mit dem Unterschied, daß die Punkte nicht mehr Einzelbetriebe, sondern Dörfer darstellen. Ganz entsprechend gilt dann für die Dörfer auch das, was für die Einzelbetriebe oben festgestellt wurde: Bei der Produktion der Produkte 8 bis 14 findet eine völlige Spezialisierung der einzelnen *Dörfer* statt. Ganz ähnliches würde gelten, wenn 3 (oder 4, 9, 12) Industrien sich in jedem dritten (oder 4., 9., 12.) Orte niederlassen würden.

c) Größere Marktnetze und Agglomerationszentren

(1) Bevor größere Marktnetze und die Bildung von größeren Agglomerationszentren abgeleitet werden können, ist zu überlegen, mit welchen Annahmen über die nächstgrößeren Absatzbereiche man die besten weiteren Resultate erhält.

Wenn man für die nächstgrößeren Industrien Absatzbereiche von der Größe von jeweils 3, 9, 27, 81 Dörfern unterstellt, dann konstruiert man praktisch das *hierarchische System* Christallers von unten her. Man könnnte dieses System dadurch modifizieren, daß man die Bevölkerungsbewegungen berücksichtigt und die Zahl der einzelnen Betriebe in den zentralen Orten verschiedener Ordnung entsprechend den Bevölkerungszahlen variiert. Dazu braucht man jedoch genaue Annahmen über die Zahl der in den einzelnen Industrien Beschäftigten. In jedem Falle würde die regelmäßige Sechseck-Aufteilung der Fläche für die einzelnen Güter modifiziert werden[26]. Zu beachten wäre weiterhin die verschieden große Intensität der Bebauung in der Landwirtschaft. Da es in diesem System keinen Tausch der zentralen Orte untereinander gibt, wird dieser zu unrealistischen Resultaten führende Weg der Weiterführung des Modells hier nicht beschritten werden. (Einige Resultate Christallers werden jedoch später verwendet werden).

Statt dessen möchte ich an die Resultate Löschs bezüglich der Spezialisierung der Orte und des daraus resultierenden Austauschs an-

---

26 — ähnlich wie schon unter ganz bestimmten impliziten Annahmen für das Lösch-System von Isard angedeutet; vgl. W. *Isard*, op. cit., S. 270.

knüpfen. Über das System Löschs hinausgehende Ableitungen sind nur dann möglich, wenn man sich zunächst auf wenige Güter beschränkt — denn sonst wird das System völlig unübersichtlich — und wenn man Annahmen über die Größe der einzelnen Betriebe macht. Bei Lösch ist, wie oben schon erwähnt, der einzige Indikator für die Größe der Städte die *Zahl* der Betriebe — was meistens zwar der Realität entspricht, aber mit den Annahmen von Lösch nur dann vereinbar ist, wenn alle Betriebe an der Beschäftigtenzahl gemessen gleich groß sind.

Vor allem weil wegen der Interdependenzen zwischen den einzelnen Betrieben die *exakte* Ableitung eines komplizierteren Systems unmöglich ist, werde ich mich im folgenden auf die Betrachtung einiger weniger Güter bzw. Industrien beschränken und dabei die wichtigsten Funktionalzusammenhänge diskutieren, auf die es ankommt.

(2) Wir haben bisher Dörfer erhalten, die ein Gut an sechs umliegende Dörfer liefern und im Austausch dafür je ein Gut aus diesen sechs Dörfern beziehen. Angrenzende Systeme von jeweils 7 in regelmäßigen Sechsecken angeordneten Punkten sind also identisch. (Man könnte — wie oben — als Alternative hier genau so gut unterstellen, daß jeweils Systeme von 3, 4 oder etwa 12 Punkten — Dörfern — identisch sind).

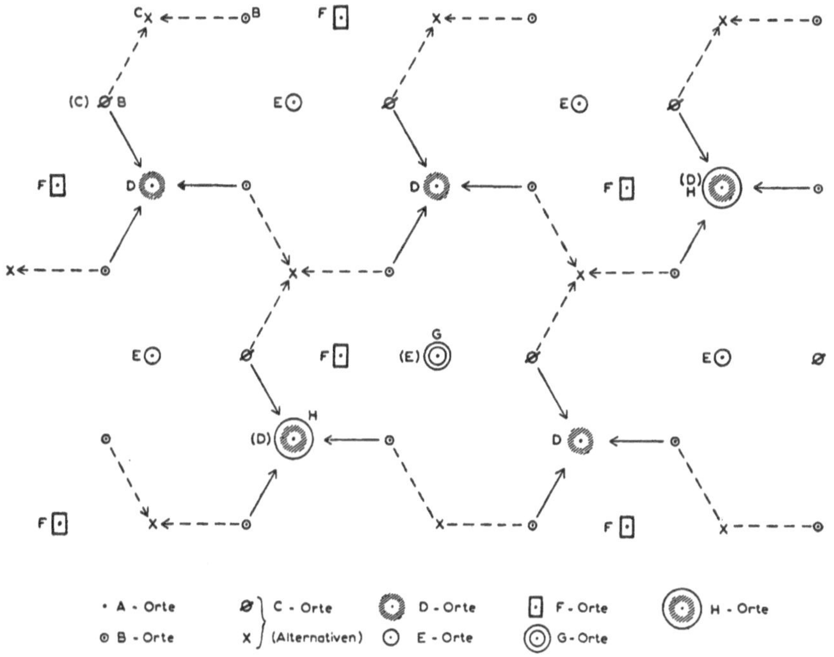

Abb. 6: Ein System von Orten auf einer homogenen Fläche.

Ich mache jetzt die Annahme, daß entweder *drei* neue Industrien an jeweils jedem *neunten* dieser kleinsten Orte oder *vier* neue Industrien jeweils an jedem zwölften Orte entstehen und diese Betriebe sich in der Größenordnung von den schon vorhandenen Betrieben deutlich nach oben unterscheiden. Die kleinsten, durch einen Punkt dargestellten Orte werden im folgenden als A-Orte bezeichnet werden (vgl. Abb. 6). Der interregionale Ausgleichsmechanismus führt jetzt dazu, daß an jedem dritten A-Ort eine neue Industrie (etwa eine Ziegelei, ein Sägewerk oder eine größere Mühle) entsteht und sich diese Orte zu zentralen Orten der nächsthöheren Ordnung entwickeln, zu B-Orten, die in Abb. 6 durch einen kleinen Kreis ⊙ gekennzeichnet worden sind. Bei dem *Fehlen* von wesentlichen Agglomerationsvorteilen ist die *Anordnung* dieser Orte noch völlig regelmäßig.

Durch das Entstehen der größeren Industrien steigen die monetären Grenzprodukte der Produktionsfaktoren an den B-Orten. Die Nahrungsmittelpreise und damit die Faktorentlohnungen müssen an den kleinsten Orten, den A-Orten, niedriger sein als an den B-Orten, damit die A-Orte zum Austausch gegen die von den B-Orten gelieferten Industriewaren Nahrungsmittel nach den B-Orten verkaufen und dabei trotz der Transportkosten von A nach B dort erfolgreich konkurrieren können. Zum Zwecke des teilweisen Ausgleichs der Grenzproduktivitäten der Arbeit und zum Ausgleich der Zahlungsbilanz finden jetzt entweder Pendelbewegungen oder Bevölkerungsbewegungen von den A-Orten in diese B-Orte statt. Unter der Annahme vollkommener Konkurrenz in der Landwirtschaft sind im Gleichgewicht die Nahrungsmittelpreise in den B-Orten höher, die Industriepreise je nachdem, ob Preisdiskriminierung geübt wird oder nicht, entweder gleich oder niedriger. Die Zahlungsbilanzen sind zum Schluß wieder ausgeglichen, wobei die mehr landwirtschaftlich ausgerichteten Gegenden der A-Orte Netto-Importeure von Industriewaren sind und die B-Orte Netto-Importeure von Nahrungsmitteln und Netto-Exporteure von Industriewaren sind. Entsprechend den höheren Agrarpreisen in den B-Orten ist die Intensität der Landwirtschaft dort höher als in den A-Orten. Das gilt in noch stärkerem Maße für die Umgebung der Orte, an denen noch größere Industrien entstehen.

(3) Als nächste betrachte ich nun noch größere Industrien, deren optimale Betriebsgröße derart ist, daß ihre Errichtung in jedem *neunten* Ort die optimale regionale Verteilung darstellt. Wenn diese Industrien von den bestehenden Industrien Vorprodukte beziehen *oder* stark marktorientiert sind, ist die Wahl jedes dritten der B-Orte am günstigsten (vgl. die durch einen Kreis mit Querstrich gekennzeichneten Orte unter den B-Orten). Andernfalls, und vor allem bei Fehlen jeglicher Agglomerationsvorteile, sind wegen der geringeren Lohnkosten

Orte vorzuziehen, die noch keine größeren Industrien besitzen und von den bestehenden Industrien möglichst entfernt sind. Hierfür würden sich die C-Orte (durch x bezeichnet) oder symmetrisch zu ihnen gelegene Orte anbieten.

Was hat das Entstehen größerer Zentren an den C-Orten für Konsequenzen für die übrigen Orte? Am wichtigsten sind die gestiegenen Lohnkosten und Bodenpreise an den C-Orten einerseits und möglicherweise starke Agglomerationsvorteile (auch für weitere Industrien) andererseits. Wenn wir Agglomerationsvorteile auch für die B-Orte zulassen, dann bestehen zur Ausnutzung der Agglomerationsvorteile grundsätzlich zwei Möglichkeiten:

Entweder wandern die Industrien der B-Orte, und zwar jeweils die drei angrenzenden, nach den C-Orten, und diese werden zu noch größeren Zentren. Dies ist dann am wahrscheinlichsten, wenn es sich um marktorientierte Industrien handelt und die Mobilität der Bevölkerung sehr groß ist, so daß die Lohnkosten in C nur wenig höher sind als in den übrigen Orten.

Oder, bei geringer Mobilität der Bevölkerung und daher stark unterschiedlichen Lohnkosten, je drei B-Industrien wandern an einen A-Ort, der bis jetzt noch keine größeren Industrien besitzt, um die dortigen geringen Lohnkosten auszunutzen. Damit entstehen die D-Orte (als schraffierter Ring bezeichnet). Dies werde ich im folgenden unterstellen.

Wir brauchen jetzt nur noch anzunehmen, daß sich an jedem *neunten* und *zwölften* Orte je eine lohnintensive Industrie niederläßt, die keine Vorleistungen von den übrigen Industrien bezieht und nicht marktorientiert ist; dann würden sich die E-Orte (großer Kreis) und F-Orte (großes Rechteck) als Standorte anbieten. Weiterhin sei für jeden zweiten E-Ort ein großer weiterverarbeitender Betrieb derselben Branche, ein G-Ort (doppelter Kreis), der optimale Standort, und schließlich entstehe in jedem D-Ort ein kleineres und in jedem dritten D-Ort ein größeres Verwaltungszentrum; dadurch wird jeder dritte D-Ort zu einem H-Ort (schraffierter Ring in einem Kreis).

Schon durch diese relativ wenigen Annahmen ergibt sich ein ziemlich kompliziertes Bild, das aber wichtige Charakteristika der Gesamtlandschaft aufweist. Kompliziertere Zusammenhänge ergeben sich unter anderem schon dadurch, daß sich durch das Entstehen der größeren Zentren die Nachfragebedingungen für die kleinsten Industrien wesentlich beeinflußt werden. Für die Verteilung dieser kleinsten Industrien ist entscheidend, ob ihre optimale Betriebsgröße in erster Linie durch (i) technische oder durch (ii) ökonomische Faktoren bestimmt ist. Im ersten Falle (i) werden in den größeren Zentren neue Betriebe — mit entsprechend vermindertem geographischen Marktbereich — entstehen, im zweiten Falle (ii) werden sich in stärkerem Maße die bestehenden

Betriebe vergrößern. Jede dieser Anpassungen hat wiederum weitere Anpassungen für die größeren Betriebe zur Folge und führt zu weiteren Bevölkerungsbewegungen. Die Annahme der noch sehr großen Abhängigkeit von der Landwirtschaft verhindert jedoch, daß sich die in Abb. 6 skizzierte Struktur *wesentlich* ändert.

(4) Wir können an dieser Stelle folgende Punkte festhalten:

a) Es hat sich ein regelmäßiges hierarchisches System der Industrie-Orte ergeben, mit teilweiser Spezialisierung der Orte und mit Tausch der einzelnen Orte untereinander.

b) Der Zahlungsbilanz-Ausgleichsmechanismus hat zu Preisanpassungen und Faktorbewegungen geführt.

c) Wegen der Produktdifferenzierung ist eine klare Abgrenzung der Marktgebiete nicht möglich wie bei Christaller und Lösch.

d) Für die Landwirtschaft gelten die den Thünen-Ringen zugrundeliegenden Prinzipien.

Das ganze System ergibt ein stark vereinfachtes und unvollständiges Bild, aber es hat den Vorteil, daß die zugrundeliegenden Annahmen nicht derart sind, daß sich aus ihnen notwendigerweise neue Widersprüche ableiten lassen.

III. Die Berücksichtigung des tertiären Sektors

(1) Wie unterscheidet sich das in Abb. 6 skizzierte System von dem hierarchischen System Christallers? Bei der Beantwortung dieser Frage möchte ich an das anknüpfen, was man unter einem „zentralen Ort" zu verstehen hat. Gradmann schreibt dazu schon 1916, der „Mittelpunkt ihrer ländlichen Umgebung und Vermittlerin des Lokalverkehrs mit der Außenwelt zu sein" sei der „Hauptberuf" der Stadt[27]; Christaller spricht von den „zentralen Funktionen" der zentralen Orte[28], und Egner[29] bemerkt hierzu: „Zentrale Orte sind ihrem Wesen nach Marktplätze für Güter und tertiäre Dienste."

Allgemein formuliert besteht das wichtigste Charakteristikum in der Tatsache, daß der Ort über einen weiten Teil seiner Umgebung *dominiert*. Es geht darum, bis zu welcher Weite das umgebende Gebiet nach der eigenen oder nach einer anderen Stadt „orientiert" ist, also z. B. darum, in welcher Stadt hauptsächlich eingekauft wird, die Zeitungen welcher Stadt gelesen werden, mit den größeren oder Großbanken und Versicherungen welcher Stadt die meisten Geschäfte getätigt werden.

---

[27] R. *Gradmann, Schwäbische Städte, loc. cit.*

[28] W. *Christaller*, op. cit., S. 26—27.

[29] E. *Egner*, Diskussionsbeitrag, in: Schriften des Vereins für Sozialpolitik, Neue Folge Band 14, Probleme des räumlichen Gleichgewichts in der Wirtschaftswissenschaft, Berlin 1959, S. 141—42.

All dies sind Kriterien, die zumindest in keiner eindeutigen Beziehung stehen zu der Höhe der Industrieproduktion der einzelnen Städte. Eine Großstadt mit sehr wenigen zentralen Funktionen ist zum Beispiel die amerikanische Automobilstadt Flint nördlich von Detroit.

Egner sagt hierzu „Die typische Industriestadt ist kein zentraler Ort“.

(2) Zusammenfassend können wir folgendes feststellen:

Die zentralen Funktionen der zentralen Orte beziehen sich erstens auf den Verteilungssektor, zweitens auf die Verwaltung, drittens auf den Banken- und Versicherungssektor und viertens auf den Sektor der Kommunikation und der Kultur im weitesten Sinne des Wortes. Auf diesen Sektoren kann man nun, solange keine zu starken Ballungsräume der Industrie entstehen, sehr viel eindeutiger von einem eigentlichen hierarchischen System der Orte sprechen, als wenn man in erster Linie die Produktion im sekundären Sektor betrachtet. Man kann sich also ein Netz der tertiären Funktionen über das in Abb. 6 skizzierte System gelegt denken, so daß jeder größere Ort zwar in der Regel nicht alles selbst produziert, aber den Konsumenten mindestens all das anbietet, was alle kleineren Orte anbieten.

Im Falle des in Abb. 6 skizzierten Systems kann man annehmen, daß mit der Entwicklung des tertiären Sektors im Norden E und F zu einem größeren I-Zentrum, im Nordosten F und H zu einem J-Zentrum, und schließlich in der unteren Hälfte F, G und H zur Regional-Hauptstadt K zusammenwachsen, wie dies in Abb. 7 angedeutet worden ist.

Man kann sich die Gesamt-Landschaft als aus Einheiten ähnlicher Struktur wie dem in Abb. 7 dargestellten Ausschnitt zusammengesetzt denken, so daß in einem Bild der Gesamt-Landschaft der beschriebene Ausschnitt zu einer Teil-Region wird. Hierbei ist jedoch zu beachten, daß durch die Entwicklung noch größerer als der in Abb. 7 betrachteten Zentren die einzelnen Teilregionen in unterschiedlicher Weise beeinflußt werden. In einigen Bereichen würden weiter keine als die K-Orte, in anderen ein oder mehrere größere Orte, in einigen zusätzlich Großstädte und schließlich in einem der größte zentrale Ort (wichtigste Industrie- oder Handelsstadt bzw. Hauptstadt) entstehen.

Ich komme zu dem Schluß, daß das Christaller'sche hierarchische System der zentralen Orte nicht für die Industrieproduktion gilt, sondern die größte Bedeutung für den tertiären Sektor, und nur für den tertiären Sektor, besitzt. Durch die Entwicklung im tertiären Sektor wird natürlich auch wieder die Produktion des sekundären Sektors beeinflußt, vor allem die der marktorientierten Industrien. In bezug auf die Höhe der Industrieproduktion gilt folgendes: wenn in genügendem Abstand von den bestehenden zentralen Orten auf Grund der Entwicklung neuer Industriezweige ein größerer Industrieort entsteht, dann

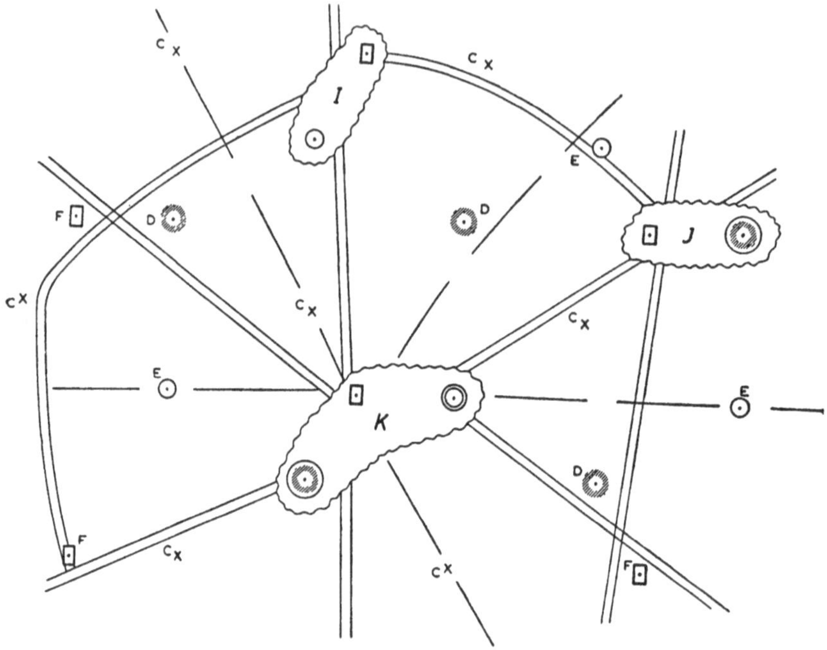

Abbs. 7: Entwicklung von großen Produktions- und Verteilungszentren und die resultierenden wichtigsten Verkehrswege.

wird dieser Ort auch im Laufe der Zeit immer mehr zentrale Funktionen an sich ziehen und damit selbst ein zentraler Ort werden. Eine Ausnahme bilden die in oder um Industrieballungen herum entstehenden neuen Industriestädte, auf die ich später noch kurz eingehen werde.

(3) Betrachten wir nun zum Schluß noch das entstehende Straßennetz. Die Annahme der großen Abhängigkeit unseres Systems von der Landwirtschaft und der geringen Mobilität der Güter und Faktoren impliziert, daß die Bedeutung des Verkehrsnetzes für die Standortwahl und für die entstehenden räumlichen Strukturen von relativ geringer Bedeutung ist. Ich stelle deshalb jetzt die umgekehrte Frage: wo werden innerhalb dieses Systems als *Folge* der Entstehung der Industrien *und* der Entwicklung des tertiären Sektors die wichtigsten Transportwege angelegt werden? Die *Hauptstraßen* (= und — in Abb. 7) entstehen von K aus nach Norden (in Richtung I) und Nordosten (Richtung J), nach Südosten (Richtung D und F), Südwesten (Richtung F), Nordwesten (Richtung D und F), andere z. B. nach Westen (E), Osten (E), Nordnordosten (D und E), und schließlich weitere im Nordwesten zwischen F und D einerseits und I andererseits, zwischen I und J, von J nach Süden, usw.

Diese Andeutungen genügen um folgendes klarzumachen: Das resultierende Straßensystem wird nicht in Winkeln von 45° und 90°, sondern — wie bei Lösch —in Winkeln von 30° und 60° angelegt. Der Grund hierfür ist in der Sechseckstruktur der Einzel-Marktnetze zu suchen[30].

IV. Die Bedeutung der Unregelmäßigkeiten der Fläche und von historischen Zufällen

a) *Skizzierung eines einfachen Systems*

Die Bedeutung einer unregelmäßigen Verteilung wichtiger Ressourcen möchte ich an einem einfachen Beispiel diskutieren, indem ich — statt eines *kleinen Ausschnitts* auf einer *homogenen* Fläche — das *gesamte* Wirtschaftsgebiet auf einer *nicht*-homogenen Fläche betrachte (vgl. Abb. 8). Diese Betrachtung einer unregelmäßigen Erdoberfläche ermöglicht es, auch die Resultate der traditionellen industriellen Standortlehre in unsere Analyse einzubeziehen.

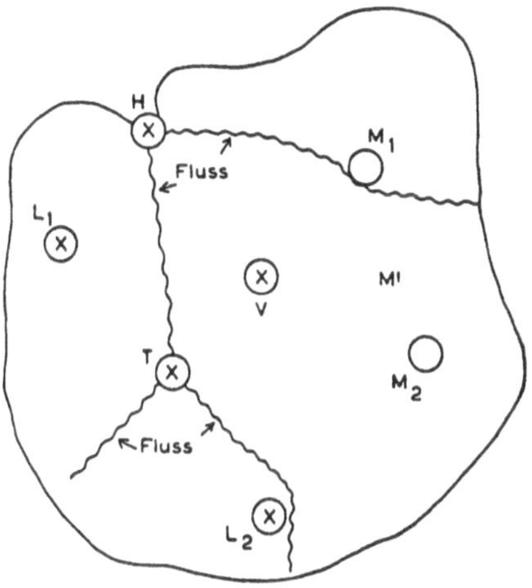

Abb. 8: Beispiel für die geographische Verteilung von Orten auf einer unregelmäßigen Fläche.

(1) Ich beginne mit zwei Industriezentren, die sich um die Rohstofflager L_1 und L_2 herum entwickelt haben und die beide den gesamten Markt beliefern. Mit der Anwendung der Methoden der traditionellen industriellen Standortlehre braucht man in diesem Falle nur

[30] Die Struktur des Transportnetzes würde noch deutlicher werden, wenn ein größerer als der in Abb. 7 dargestellte Ausschnitt der Landwirtschaft betrachtet würde.

anzunehmen, daß die Bedeutung der von Launhardt, Weber und Palander betrachteten Faktoren so groß ist, daß alle übrigen in einer Totalanalyse zu berücksichtigenden Elemente vernachlässigt werden können.

Wenn eine Preisdiskriminierung zugelassen wird, dann ist, vor allem bei Produktdifferenzierung, mit keiner ausschließlichen regionalen Aufteilung des gesamten Marktes unter L_1 und L_2 zu rechnen. Aber selbst bei überall *gleichen* Ortspreisen wird es zu keiner völligen Durchdringung der Absatzgebiete kommen, bei der die Entfernungen von den Lieferorten für die Höhe des Absatzes keine Rolle mehr spielen.

Bevor andere Zentren betrachtet werden, ist auf die regionalen Lohn- und Preisveränderungen einzugehen, die durch die Entstehung der Zentren L_1 und L_2 verursacht werden. Die Aufnahme der Produktion in L_1 und L_2 in größerem Ausmaß ist nur möglich, da die Grenzproduktivitäten der Arbeit dort höher sind und die Unternehmen dort höhere Löhne zahlen können als anderswo und dadurch Arbeiter aus anderen Gegenden anziehen können. Wegen der erhöhten Nahrungsmittelnachfrage in L_1 und L_2 steigen die Nahrungsmittelpreise, genau so wie die Mieten, was die Notwendigkeit weiterer Lohnerhöhungen gegenüber anderen Orten bewirkt. Dem wirtschaftlichen Wachstum in L_1 und L_2 werden dadurch, daß einerseits immer höhere Löhne und Lebensmittelpreise gezahlt und andererseits bei Ausdehnung der Produktion niedrigere Absatzpreise hingenommen werden müssen, unter den obigen Annahmen über die Abhängigkeit von der Agrarproduktion und die hohen Transportkosten verhältnismäßig enge Grenzen gesetzt.

(2) Ein weiteres Zentrum entstehe um den Hafen H für Industrien, die per Schiff herbeitransportierte Rohstoffe verarbeiten. Für die Preise, Grenzproduktivitäten und Löhne gilt in H dasselbe wie für L_1 und L_2.

Da der Anteil der betrachteten Industrien an der Gesamtproduktion laut Annahme noch gering ist und auch die Bevölkerungsbewegungen noch nicht sehr bedeutend sind, lohnt es sich wegen der an allen anderen Orten geringeren Löhne, auch in anderen Landesteilen größere Industrien zu errichten, soweit diese hauptsächlich arbeits- und marktorientiert sind. Hierfür kommen in erster Linie Orte mit günstiger Verkehrslage und daher niedrigen Transportkosten (Ort T), größere Verwaltungszentren (V) und andere Gegenden in Betracht, für deren Auswahl wir jetzt durchaus in größerem Umfange den Zufall eine Rolle spielen lassen können: Man kann sogar als eines der Extreme annehmen, daß die Wahl vom ökonomischen Standpunkt aus *rein* zufällig ist. Selbst unter dieser Anahme kann man folgendes feststellen. Wegen der günstigeren Kostenlage haben die Unternehmen in der Nähe von M_1 oder M_2 die größte *Chance,* den Konkurrenzkampf und damit die

„passive Auslese“ zu überstehen und eine höhere Wachstumsrate zu entwickeln als zusätzliche Unternehmen an anderen Orten; denn die Gegenden um M_1 und M_2 im Nordosten beziehungsweise im Südosten des Wirtschaftsraumes besitzen ein großes Hinterland, aus dem sie relativ billige Arbeitskräfte ziehen und das sie außerdem wegen der niedrigen Transportkosten billig versorgen können. Alle anderen (nördlichen, westlichen, südlichen oder zentral gelegenen) Gegenden besitzen ein bereits besser versorgtes bzw. ein weniger großes unversorgtes Hinterland als diese beiden Orte und müssen mit höheren Löhnen und Lebensmittelpreisen rechnen.

Falls sich anstelle von M_1 und M_2 ein größeres Industriezentrum um M' entwickeln sollte, würde durch das Fehlen größerer Zentren im Nordosten und Südosten des Wirtschaftsgebietes auf Grund niedrigerer Löhne und kürzerer Transportwege das Entstehen weiterer Zentren — wahrscheinlich der *nächstniederen* Ordnung — in der Gegend um M_1 und M_2 begünstigt. Dies hängt unter anderem von den Verkehrsbedingungen, den Rohstoffvorkommen und der Lage der Verwaltungszentren innerhalb dieser Gegenden ab.

(3) Was für das Gesamtgebiet kurz skizziert wurde, gilt entsprechend für kleinere Gebietsteile. Einige kleinere Städte existieren schon — zum Beispiel als traditionelle Verwaltungssitze oder Kulturzentren —, andere entstehen auf Grund bestimmter Rohstoffvorkommen, weitere auf Grund der günstigen Verkehrslage und schließlich noch andere auf Grund der Arbeitsmarktlage.

Diese größeren und kleineren Netze entstehen somit — wie bei Christaller — auf verschiedenen Niveaus, aber sie entstehen *gleichzeitig*, so daß man in Wirklichkeit das Gesamtsystem immer nur als Ganzes betrachten kann.

b) Zusammenfassung der wichtigsten Charakteristika des Systems

Wir können an diesem Punkte als Ergebnis folgendes festhalten:

Es ist im Gegensatz zu den vorher diskutierten Modellen dem Zufall, traditionellen Gegebenheiten und persönlichen Faktoren eine große Bedeutung eingeräumt worden. Trotzdem ergibt sich auch auf einer unregelmäßigen Fläche durch die starke Abhängigkeit von der Landwirtschaft und wegen der noch geringen Mobilität der Güter und der Faktoren eine gewisse Regelmäßigkeit in der regionalen Verteilung der einzelnen Städte.

Innerhalb gewisser Grenzen ist es sogar möglich, daß die Regelmäßigkeit des Systems trotz historischer Zufälligkeiten völlig unangetastet bleibt. Denn nicht nur das oben in Abbildungen 6 und 7 dargestellte

System, sondern auch das Lösch-Modell besitzt eine Reihe von Freiheitsgraden (Wahl der Lage der kleinsten Netze, des Mittelpunktes, des Ortes 4), die es ermöglichen, daß — vom ökonomischen Standpunkt aus betrachtet — „Zufälligkeiten“ in das System eingeführt werden, ohne daß die ursprünglichen Gleichgewichtsbedingungen verletzt werden. Deshalb kann in Abb. 5 von den sieben Betrieben jeweils ein Betrieb seinen Standort völlig frei und können weitere fünf Betriebe mehr oder weniger frei wählen: nur der siebente Betrieb ist jeweils eindeutig festgelegt[31].

Wir kommen somit zu dieser Schlußfolgerung: Unabhängig vom Verhalten der einzelnen Wirtschaftssubjekte werden die ökonomischen Ausgleichsmechanismen eine bestimmte Gesetzmäßigkeit — wenn auch im ganzen mit großen Toleranzen in der Lage und Größe der Städte — schließlich erzwingen.

Diese Überlegungen erlauben es, eine Beziehung zwischen dem für eine unregelmäßige Erdoberfläche diskutierten (in Abb. 8 wiedergegebenen) System und dem oben für eine homogene Fläche abgeleiteten Modell (Abb. 6 und 7) herzustellen. Wir können Abb. 7 in der Weise uminterpretieren, daß sie nicht nur einen *kleinen*, sondern einen größeren Teil der gesamten Region wiedergibt, in der sich der große Industriekern K, die größeren Zentren I und J sowie schließlich im Nordwesten und Südosten Industriegebiete jeweils um die Städte D und F entwickelt haben. Innerhalb der in Abb. 7 aufgezeigten Landschaft werden jetzt — ganz entsprechend der Situation in Abb. 8 vor der Entstehung der Zentren im Osten des Wirtschaftsraumes — die Gebiete im Süden und Südwesten als Standorte weiterer Industrien am meisten begünstigt. Da gemäß unseren Annahmen die Abhängigkeit von der Landwirtschaft sehr groß und die Mobilität der Güter und Faktoren gering ist, besitzen diese Gebiete die Vorteile relativ niedriger Löhne, relativ niedriger Nahrungsmittelpreise und günstiger Absatzbedingungen für die Industrieprodukte.

Die Ableitungen für die homogene Fläche und für die unregelmäßige Erdoberfläche bei Einwirkung von Zufälligkeiten lassen sich also miteinander kombinieren zu einem System, das Elemente beider extremen Modelle enthält und trotzdem gewisse Regelmäßigkeiten aufweist. *Im Gesamtsystem kann sich also unter bestimmten Voraussetzungen eine*

---

[31] Nehmen wir zur Illustration an, daß zuerst die Betriebe der Branche 1 entstehen, dann sind diese in ihrer Standortwahl völlig frei, d. h. die Zentren und Marktnetze können auf der Fläche beliebig verschoben werden. Nach Festlegung dieser Produktionsstätten haben die Betriebe der Branche 2 die Wahl zwischen 6 verschiedenen Standorten (Standort 2, 3, 4, 5 oder 6 in Abb. 4c). Branche 3 hat noch die Wahl zwischen 5 Standorten, Branche 4 zwischen 4 Standorten, usw., und nur der siebente Betrieb ist jeweils eindeutig festgelegt.

regelmäßige Struktur entwickeln, auch wenn für keine einzige Branche eine symmetrische Anordnung der Produktionsstätten oder Absatzgebiete beobachtet werden kann. Die Regelmäßigkeiten entstehen dann nicht als die *Summe* regelmäßiger Einzelnetze, sondern durch das *Zusammenwirken* der den Gesamtprozeß bestimmenden Ausgleichsmechanismen.

In diesen Tatsachen ist der Grund für die Regelmäßigkeiten zu sehen, die Christaller in seinen Untersuchungen über den süddeutschen Raum aufzeigen konnte.

Die *Gesamtkonzeption* Christallers ist richtig gewesen: Zu betonen ist jedoch, daß sich aus allen bisherigen Betrachtungen noch keine Gesetzmäßigkeiten über die Größenrelationen der einzelnen Städte ableiten lassen. Der Frage nach den möglichen Aussagen über die Größe der einzelnen Städte werden wir uns im folgenden etwas näher zuwenden müssen.

V. Die Größenverhältnisse der verschiedenen zentralen Orte

Der Grund für die Tatsache, daß ohne zusätzliche, mehr oder weniger willkürliche Annahmen weder bei Christaller und Lösch noch in dem oben skizzierten eigenen Modell irgendwelche genauen Aussagen über die Größenrelationen der Städte gemacht werden können, liegt darin, daß nur innerhalb eines exakt formulierten umfassenden Totalmodells solche Ableitungen möglich sind. Da solche räumlichen Totalmodelle unter anderem wegen der Existenz der Agglomerationsvorteile schwer lösbar sind und ein Großteil der benötigten Funktionalzusammenhänge (besonders für Agglomerationsvor- und -nachteile) für die Realität nicht mit genügender Genauigkeit numerisch bestimmt werden kann, gibt es keine Möglichkeit, innerhalb *irgendeines* brauchbaren Modells die Größenrelationen der einzelnen Städte *abzuleiten*[32].

In sämtlichen in dieser Untersuchung genannten Modellen kann man zu Aussagen über die Größe der einzelnen Orte nur durch zusätzliche Annahmen gelangen, die, soweit sie nicht willkürlich sind, entweder auf theoretische Überlegungen oder empirische Untersuchungen zu basieren sind. Fassen wir diese Annahmen an dieser Stelle kurz zusammen.

---

[32] Selbst wenn man unter Zugrundelegung (mehr oder weniger willkürlicher) numerischer Annahmen auf einem großen Rechenautomaten ein solches System für eine genügend große Zahl von Industrien und potentiellen Standorten, bei Pendelbewegungen bzw. Faktorwanderungen und mit einer realistischen Zahl von interindustriellen Beziehungen durchrechnen und lösen würde, müßte man wegen der möglichen Fehler in den zugrundegelegten Funktionen bei der Interpretation der Resultate und ihrer Anwendung auf praktische Probleme sehr vorsichtig sein.

a) Die Annahmen Löschs

Das System Löschs ist in bezug auf die Größenverhältnisse der einzelnen Orte am wenigsten festgelegt. Lösch selbst nimmt die Größe der Städte als proportional der Zahl der in ihnen ansässigen Unternehmen an. Wenn man nicht die Annahme macht, daß alle Beschäftigten Pendler sind, dann impliziert dies, daß die Zahl der Beschäftigten in allen Unternehmen jeder beliebigen Branche gleich ist. Stolper dagegen macht für das Lösch-System eine immerhin plausiblere Annahme, die praktisch *ungefähr* darauf hinausläuft, daß die Zahl der Beschäftigten einer Unternehmung proportional der Zahl der von der Unternehmung belieferten Abnehmer ist[33]. Durch diese Modifikation Stolpers ändert sich nicht das Prinpip der Herausbildung der Marktnetze im System von Lösch, aber das Aussehen der Netze, die Zahlenrelationen der Städte bestimmter Größenklassen werden dadurch beeinflußt, und es ist möglich, daß von zwei betrachteten Städten die eine im ursprünglichen Lösch-Modell größer, in der Stolperschen Modifikation jedoch kleiner ist als die andere. Doch diese Veränderungen sind verglichen mit dem eigentlichen Anliegen Löschs unwesentlich.

b) Die Annahmen Christallers

Im Gegensatz zum Lösch-System ist das Christallersche hierarchische System der zentralen Orte, wie schon in dieser Bezeichnung zum Ausdruck kommt, von vornherein eindeutig festgelegt in bezug auf die relative Häufigkeit der Städte bestimmter Größen*typen*. Alle zentralen Orte einer bestimmten Ordnungszahl sind in der Größe einander gleich, und sie sind *mindestens* ebenso groß wie alle untergeordneten, und *höchstens* ebenso groß wie die übergeordneten Orte. Alle darüber hinausgehenden Aussagen über die Größe der Städte werden aus der Realität übernommen: Im Anschluß an die eigentlichen Ableitungen des Systems setzt Christaller[34] für jeden Städte-Typ eine auf Grund empirischer Untersuchungen gewonnene *typische* Einwohnerzahl ein, die den damaligen Verhältnissen in Süddeutschland entspricht. Die Zahl der Orte eines jeden Typs ist dreimal so groß wie die des nächstgrößeren Typs. Wenn man wie Christaller aus der Zahl der Telephon-Anschlüsse und der Bevölkerungszahl der einzelnen Städte ein Kriterium für die Einordnung der einzelnen Orte konstruiert, dann zeigt sich, daß in Süddeutschland für alle Orte von den L-Orten („Landeszentralen“ wie München,

---

[33] W. *Stolper*, op. cit., S. 204. Die genaue Formulierung lautet dort, „daß die Beschäftigung der Ordnungszahl der Industrie proportional ist und die Bevölkerung nur aus Beschäftigten besteht“.

[34] vgl. hierzu W. *Christaller*, op. cit., S. 72 ff.

Nürnberg, Stuttgart, Frankfurt) bis herunter zu den einzelnen A-Orten („Amt") eine relativ gute Übereinstimmung zwischen den Zahlen der theoretisch erwarteten und der tatsächlich vorhandenen Städte der einzelnen Typen besteht, daß jedoch die Zahl der kleinsten betrachteten Orte, der Marktorte, beständig *über*schätzt wird. Auf diese Tatsache, daß es weniger kleine Orte gibt als Christaller ableitet, werde ich zurückkommen.

c) „Gesetze" der Bevölkerungskonzentration

Eine Hypothese über die relative Größe von Städten, die nicht anhand ökonomischer oder anderer theoretischer Überlegungen abgeleitet, sondern auf Grund empirischer Beobachtung formuliert wurde, ist die folgende sogenannte Regel („rank-size rule") über die Beziehungen zwischen der Bevölkerungszahl der einzelnen Städte und ihrer Größen-Rangordnung innerhalb des betrachteten Landes[35]:

$$r \cdot P^q = K,$$

wobei r die Rangordnung und P die Bevölkerungszahl der Städte und q und K Konstante bezeichnen. Diese Formel über die Bevölkerungsverteilung, die wegen ihrer Parallele zur Hypothese Paretos über die Einkommensverteilung viel Interesse gefunden hat[36], ist vor allem von G. K. Zipf für die USA und eine Reihe anderer Länder getestet worden[37], nachdem sich schon zu Anfang dieses Jahrhunderts u. a. F. Auerbach um die Auffindung von „Gesetzen der Bevölkerungsverteilung" bemüht hatte[38].

Für die USA fand Zipf in der genannten Formel für q einen Wert von 1, so daß also entsprechend der Formel die Bevölkerung New Yorks *n*mal so groß ist wie die der Stadt mit dem Rang *n*. Zipf und — bei allen Zweifeln — auch Isard haben eine Reihe von Gründen für die mögliche Gültigkeit einer solchen Formel angegeben, vor allem im Zusammenhang mit den Absatzgebieten der einzelnen, von den verschiedenen großen Städten angebotenen Waren. Exakt ableiten läßt sich jedoch nur, daß es ökonomische Gründe für unterschiedliche Größen der einzelnen Städte gibt. Alle weiteren Resultate sind empirische Regelmäßigkeiten, für die sich zwar auf Grund der unterschiedlich großen

---

35 vgl. hierzu u. a. W. *Isard*, op. cit., S. 55 ff.

36 H. W. *Singer*, The ‚Courbe des Populations', A Parallel to Pareto's Law, Economic Journal 46: 254—63 (1936).

37 G. K. *Zipf*, Human Behavior and the Principle of Least Effort, Cambridge, Mass. 1949.

38 F. *Auerbach*, Das Gesetz der Bevölkerungskonzentration, Petermanns Mitteilungen 59: 74—76 (1913).

Absatzgebiete für die Einzelgüter *allgemeinformulierte* Argumente, aber keine exakten theoretischen Erklärungen beibringen lassen[39].

d) Die eigene Hypothese

Aus den angegebenen Gründen werde ich im folgenden keine Ableitungen über die Größe der einzelnen Städte und auch keine numerisch formulierte Hypothese vortragen, sondern nur eine ziemlich allgemein formulierte Hypothese zur Diskussion stellen, die von Fall zu Fall empirisch zu testen und erst dadurch inhaltlich genauer auszufüllen ist.

(1) Ich gehe bei meinen Überlegungen wieder von den genannten drei raumdifferenzierenden Faktoren aus. Bei Bestehen von Transportkosten und größerer Abhängigkeit der Wirtschaft von der heimischen Landwirtschaft bzw. von heimischen Boden-Inputs haben linear homogene Produktionsfunktionen unter der Annahme beliebiger Teilbarkeit der Produktionsfaktoren Boden und Kapital die Wirkung, daß Ein-Mann-Betriebe vom Standpunkt der Betriebsgröße das Optimum darstellen. Im Vergleich zu den übrigen Faktoren *sehr* große, praktisch unbegrenzt wirksame interne Ersparnisse führen umgekehrt dazu, daß pro Branche nur ein Betrieb entsteht bzw. bestehen bleibt. Da *externe* Ersparnisse die optimale Betriebsgröße mitbestimmen und mit dazu beitragen, daß die optimale Betriebsgröße innerhalb *derselben* Branche möglicherweise von Ort zu Ort verschieden ist, die Wirkung der externen Ersparnisse sich jedoch nicht innerhalb eines *brauchbaren* Modells ableiten läßt, könnte man bei praktischen Überlegungen über den Grad der räumlichen Konzentration zunächst von der in der *Realität* beobachteten (durchschnittlichen oder typischen) optimalen Betriebsgröße der einzelnen Industrien ausgehen. Hierbei taucht jedoch folgende Schwierigkeit auf. Aus den optimalen *Betriebsgrößen* lassen sich wegen der in den einzelnen Branchen unterschiedlichen *externen* Ersparnisse keine optimalen *Städtegrößen* ableiten. Die Zusammenhänge wären einfach, wenn man unterstellen könnte, daß sich neben jedem Großbetrieb bestimmten Typs jeweils eine bestimmte Anzahl kleinerer Betriebe oder Geschäfte niederläßt. Das ist jedoch offensichtlich in der Realität nicht der Fall: die größten Betriebe liegen nicht notwendigerweise in den größten Städten; nicht jedes Industriezentrum einer bestimmten Größe hat die gleiche oder eine ähnliche Zahl von zentralen Funktionen, wie schon oben angedeutet wurde.

(2) Die Beziehung zwischen den optimalen Betriebsgrößen und optimalen Städtegrößen ist, *ceteris paribus,* selbst eine Funktion des Gra-

[39] Bei der Verifizierung solcher Gesetze über die Bevölkerungsverteilung besteht eine große Schwierigkeit darin, daß bei den einzelnen Städten die Verwaltungseinheiten und die „ökonomischen Einheiten" im allgemeinen nicht identisch sind.

des der wirtschaftlichen Entwicklung, wie er zu Anfang dieser Arbeit definiert wurde. Bestimmte Regelmäßigkeiten der Verteilung der optimalen *Betriebsgrößen* lassen auf Grund der Wirksamkeit des ökonomischen Ausgleichsmechanismus bestimmte, vom jeweiligen Grad der wirtschaftlichen Entwicklung abhängige Regelmäßigkeiten der Verteilung der Größenklassen der Städte zwar *vermuten:* es kann aber wegen der erwähnten Komplexität der Zusammenhänge für die Notwendigkeit einer *bestimmten* Beziehung zwischen optimalen Betriebsgrößen und der resultierenden Größe der Städte kein exakter Beweis hierfür angetreten werden. Da jedoch in der Realität ebenfalls bestimmte Regelmäßigkeiten beobachtet werden konnten, möchte ich hier die folgende Hypothese formulieren, die vor allem für die empirische Verifizierung bestimmt ist:

Das Zusammenwirken der raumdifferenzierenden Faktoren führt in jedem Zustand der wirtschaftlichen Entwicklung zu einer charakteristischen, regelmäßigen, aber unsymmetrischen (schiefen) Verteilung der Bevölkerung in Orten verschiedener Größenklassen (der Art wie in Abb. 9 wiedergegeben[40]), und diese Verteilungsfunktion wird im Zuge der wirtschaftlichen Entwicklung möglicherweise nicht nur flacher, sondern auch symmetrischer.

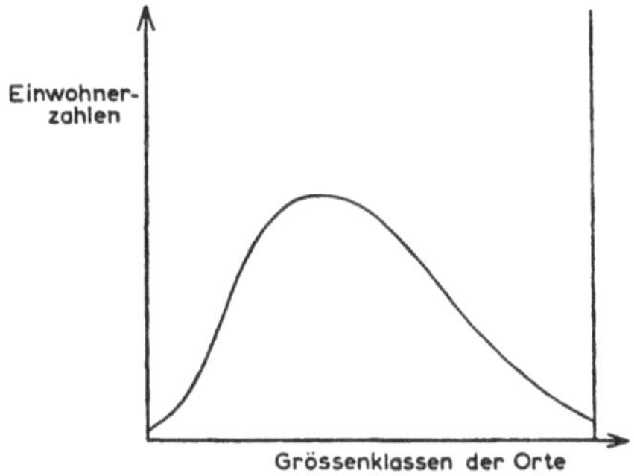

Abb. 9: Hypothetische Verteilung der Bevölkerung in Siedlungen verschiedener Größenklassen.

Diese Funktion ist zwar weniger genau definiert als die von Christaller unterstellten Größenverhältnisse der Städte oder die oben wiedergegebene „rank-size rule"; sie hat jedoch den Vorteil, daß auch die

[40] Auf der Abszisse sind die Größenklassen der Orte oder Siedlungen, auf der Ordinate die Zahlen der in den einzelnen Größenklassen lebenden Einwohner aufgetragen. Die Fläche unter der Kurve gibt die Gesamtbevölkerung wieder. In der Wirklichkeit erhält man natürlich immer nur Treppenfunktionen; die in Abb. 9 wiedergegebene Funktion ist deshalb als eine kontinuierliche Approximation der stufenförmigen Funktion anzusehen.

kleineren Orte oder Siedlungen mit ihr erfaßt werden können. Denn die Zahl der kleineren zentralen Orte nahm in der Realität, zumindest was Süddeutschland anbetrifft, nach den Untersuchungen Christallers nicht mehr wesentlich zu, wenn nicht sogar wieder ab, und eine Abnahme der Häufigkeit ist *sicher* zu beobachten für die *Dörfer* unterhalb der jeweiligen Optimalgröße.

Daß die in Abb. 9 aufgezeichnete Verteilungsfunktion möglicherweise flacher und symmetrischer wird, ließe sich mit folgendem begründen:

(a) Der Ausbau des Transportsystems, die Abnahme der relativen Bedeutung der Landwirtschaft und die technologisch und ökonomisch bedingte allgemeine Zunahme der optimalen Betriebsgröße fördern die räumliche *Konzentration* der Produktion, besonders für Unternehmen mit starken externen Ersparnissen. (b) Andererseits ermöglichen sinkende Transportkosten gleichzeitig den Unternehmen mit zwar großen *internen,* aber geringen *externen* Ersparnissen, sich in bisher *wenig industrialisierten ländlichen Gegenden* niederzulassen — wodurch wieder anderen Betrieben neue Ersparnisse oder Marktvorteile erwachsen. (c) Die fortschreitende Motorisierung erlaubt es weiterhin auch den in Großstädten Beschäftigten, in steigendem Maße außerhalb der Stadtzentren zu wohnen. Besonders hierdurch verlieren die Großstädte, zumindest die Kerne, an Bedeutung, und es kommt zu der in den USA zuerst beobachteten „Suburbanisation". Soweit sich diese Pendler außerhalb der Stadtzentren in kleineren Orten niederlassen, wird der linke fallende Ast der Kurve angehoben. Wieweit sich diese Veränderungen in den Statistiken der Ortsgrößenklassen niederschlagen, hängt von den Verwaltungsgrenzen der Orte ab. Für die Messung der räumlichen Konzentration wäre zweifellos die Erfassung jeweils *zusammenhängender Siedlungen* am zweckmäßigsten.

Da die soeben angedeuteten Entwicklungen, vor allem bezüglich der Motorisierung, schon außerhalb des betrachteten Modells liegen, das unter anderem durch große Abhängkeit von der eigenen Landwirtschaft und noch verhältnismäßig hohe Transportkosten charakterisiert worden war, wird diese Diskussion hier nicht weiter fortgeführt werden. Hier sollten nur einige Probleme grob angedeutet werden, deren eingehendere Diskussion über den Rahmen dieser Untersuchung hinausgehen würde.

VI. Schlußfolgerungen

Unter den genannten Bedingungen, also bei noch relativ sehr großer Bedeutung der Landwirtschaft, bei noch relativ hohen Transportkosten und bei infolgedessen noch fehlenden ausgesprochenen Ballungsräumen, unter Voraussetzungen also, die ungefähr den Bedingungen Süddeutschlands zur Zeit der Christallerschen Untersuchungen entsprechen, kommen wir zu folgenden Schlußfolgerungen.

(a) Der große Anteil der Nahrungsmittelausgaben und die in den einzelnen Branchen der Industrie verschieden hohen internen und externen Ersparnisse bewirken, im Verein mit den Zahlungsbilanzbedingungen, das Entstehen eines hierarchischen Netzes von Industriezentren bzw. zentralen Orten — trotz einer ungleichmäßigen Verteilung der Produktionsfaktoren und trotz historischer Zufälligkeiten und persönlicher Präferenzen. Eine gewisse Regelmäßigkeit innerhalb des Gesamtsystem ist möglich ohne irgendeine Regelmäßigkeit der Anordnung der Marktnetze für Einzelgüter.

(b) Das Gesamtnetz der zentralen Orte weist in den verschiedenen Landesteilen eine unterschiedliche Dichte auf, wenn die natürlichen Bedingungen der Agrarproduktion in den einzelnen Landesteilen unterschiedlich sind, wenn natürliche Verkehrswege vorhanden sind und wenn die Rohstoffvorkommen unregelmäßig verteilt sind und aus anderen Gründen Präferenzen für die Niederlassung in bestimmten Landesteilen bestehen.

(c) Das Verhältnis der Zahl der Städte höherer Ordnung zu der Zahl der Orte niederer Ordnung ist *ceteris paribus* eine Funktion (1) der relativen internen und externen Ersparnisse in den einzelnen Industrien, besonders der Agglomerationsvorteile, (2) der Transportkosten, (3) der Abhängigkeit der Wirtschaft von Boden-Inputs und damit, allgemein formuliert, des Grades der wirtschaftlichen Entwicklung.

(d) Der eigentliche interregionale Ausgleich der Leistungen geschieht unter den gesetzten Bedingungen hauptsächlich innerhalb des *sekundären* Sektors; das hierarchische System Christallers kann man sich gewissermaßen als ein „Netz der zentralen Funktionen" über das regionale System der Produktionsstätten des sekundären Sektors und des Bergbaus gelegt denken — wobei sich jedoch das tertiäre und das sekundäre Netz in starkem Maße gegenseitig beeinflussen[41].

(e) Das Christaller-System gilt also für den tertiären Sektor, und zwar in besonderem Maße für den Einzelhandel und die Dienstleistungen; ein *sehr stark* modifiziertes Lösch-System — mit dem Akzent auf der Spezialisierung — für den sekundären Sektor; und ein Thünen-System, das die hierarchische Ordnung der Städte berücksichtigt, für den primären Sektor (ausschließlich des Bergbaus).

Für den tertiären Sektor besitzen insbesondere die Annahmen Christallers über die Hierarchie der Funktionen der zentralen Orte große Bedeutung, während das System Löschs in seiner ursprünglichen Form die größte Bedeutung für die räumliche Verteilung so kleiner Unter-

[41] Dies gilt in noch stärkerem Maße für Industrieballungen.

nehmen hat, daß eine Partialanalyse gerechtfertigt ist, und wenn diese Unternehmen auf einer homogenen Fläche produzieren und weder eine Preisdiskriminierung noch eine Produktdifferenzierung betreiben.

(f) Bei der Analyse der Bedeutung von geographischen Unregelmäßigkeiten für das Gesamtsystem sind auch die von Launhardt, Weber und Palander abgeleiteten Resultate wichtig. Hierdurch ergibt sich ein weiterer Brückenschlag zwischen verschiedenen Richtungen der traditionellen Standorttheorie.

B. Vergleich des Systems mit den Bedingungen eines hochindustrialisierten Landes und Herausarbeitung einiger zusätzlicher wichtiger Faktoren

I. Abweichung der Annahmen des skizzierten Modells von der Wirklichkeit

Das bisher skizzierte Modell gilt, wie aus den Annahmen hervorgeht, nur für eine bestimmte Stufe der wirtschaftlichen Entwicklung. Das System beschreibt die räumliche Verteilung der Städte und Industriezentren eines modernen Industriestaates hauptsächlich aus folgenden Gründen nur unvollkommen: Erstens ist die Abhängigkeit von der Landwirtschaft quantitativ weit geringer als oben angenommen, und dies gilt in noch stärkerem Maße für den hier relevanten Konsum an *heimischen* landwirtschaftlichen Produkten; zweitens ist die Mobilität der Güter und Faktoren erheblich gestiegen; drittens besteht eine wachsende Tendenz zur Verbrauchsorientierung; und viertens werden zumindest anfangs die Agglomerationsvorteile immer größer.

Diese Faktoren bewirken, daß die Bedeutung der (unregelmäßig verteilten) Rohstoffläger und der Orte mit guten Verkehrsverbindungen im Vergleich zu den Standorten der Agrarproduktion immer größer wird, daß Industriekerne und Ballungsräume entstehen und das räumliche System zunehmend an Regelmäßigkeit verliert. Statt dessen drängt es zu einigen großen Zentren der Weltwirtschaft hin, und damit zu einem der Konzeption Predöhls[42] stärker entsprechenden Zustand. Dies bedeutet jedoch nicht, daß *innerhalb* der einzelnen Räume das oben skizzierte Modell völlig an Bedeutung verliert. Die Netze bleiben auch bei der Agglomeration in wenn auch teilweise stark verzerrter Form bestehen, und zwar weisen sie je nach der Entfernung von den Zentren eine geringere Dichte auf.

---

[42] A. *Predöhl*, Außenwirtschaft, Weltwirtschaft, Handelspolitik und Währungspolitik, Göttingen 1949, insbes. S. 118 ff.; sowie Verkehrswirtschaft, Göttingen 1958, Kapitel 1; und Weltwirtschaft und Europäische Integration, Schriften der Gesellschaft zur Förderung der Westfälischen Wilhelms-Universität zu Münster. Heft 43. Münster 1960.

Weiterhin kann man in gewisser Weise von einem hierarchischen System der Zentren sowohl innerhalb einzelner Wirtschaftsräume als auch innerhalb der Weltwirtschaft als Ganzem sprechen.

Die Lage, die Größe und die Entwicklung dieser Zentren werden hauptsächlich von den Unregelmäßigkeiten der Erdoberfläche im weitesten Sinne des Wortes bestimmt — von den unregelmäßig verteilten Ressourcen und Transportbedingungen, verschiedenen Klimata und nicht zuletzt auch soziologischen und politischen Faktoren. Es ist offensichtlich, daß wegen dieser Unregelmäßigkeiten — schon allein der unregelmäßigen Verteilung von Land und Wasser — eine der regelmäßigen Sechsecken entsprechende Verteilung der Zentren unmöglich ist.

Sodann ist darauf hinzuweisen, daß wegen der geringen Entfernungen zwischen den Städten eines starken Ballungsraumes die Hierarchie der zentralen Funktionen zum Teil aufgehoben wird. Wie weit man von einer strengen *Hierarchie* sprechen kann, hängt im interregionalen bzw. internationalen Rahmen unter anderem von dem Grade der in den einzelnen Wirtschaftsräumen betriebenen Autarkiepolitik und von der Höhe der interregionalen Transportkosten ab.

Soweit es zu einer *Spezialisierung* einzelner großer Zentren kommt, paßt dagegen in stärkerem Maße die Konzeption von Lösch. Vor allem innerhalb einzelner Ballungsräume findet eine Spezialisierung der Städte nicht nur in bezug auf die Industrieproduktion statt, sondern auch teilweise in bezug auf den tertiären Sektor. Nebeneinander entstehen auf der einen Seite fast ausschließliche Verwaltungs- oder Handelszentren, auf der anderen Seite typische Industriestädte mit nur wenigen zentralen Funktionen.

II. Agglomerationsvorteile und dynamische Faktoren

Im folgenden soll zunächst eingegangen werden auf die Agglomerationsvorteile (bzw. -nachteile) und auf einige dynamische Faktoren im Zusammenhang mit den Bevölkerungsbewegungen und der regionalen Struktur. Ich wende mich zunächst einer statischen Betrachtungsweise der Agglomerationsfaktoren zu und schicke hierbei voraus, daß gerade vom theoretischen Standpunkt aus sehr wenig *Allgemeines* über die Agglomerationsvor- und -nachteile gesagt werden kann[43] und daß daher gerade auf diesem Gebiet die Auffüllung der theoretischen Beziehungen mit empirischen Untersuchungsergebnissen von größter Wichtigkeit ist. Ich beschränke mich daher auf die folgenden, für die empirische Untersuchung wichtigen Punkte. Anschließend werde ich auf einige dynamische Faktoren eingehen.

[43] Vgl. hierzu auch W. *Isard,* Location and Space Economy, loc. cit., insbesondere Kapitel 8, und E. Egner, Diskussionsbeitrag, loc.cit., S. 141.

a) *Modifikation der Prinzipien der Standortwahl für den Verteilungssektor*

In bezug auf den Verteilungssektor wurde (genau so wie für die Produktion) in der älteren Literatur davon ausgegangen, daß der Standort eines Geschäftes immer so zu wählen ist, daß *ceteris paribus* der Abstand von den *Konkurrenten* maximiert und damit bei überall gleicher Bevölkerungsdichte die Abstände von den potentiellen *Kunden* minimiert werden.

Dies gilt in erster Linie dann, wenn von den Konsumenten jeweils nur *ein* Kauf getätigt wird und wenn es sich um homogene Güter handelt, wenn also beim Einkauf keine Art von externen Ersparnissen auftritt. Bei Produktdifferenzierung und bei der gleichzeitigen Tätigung einer größeren Zahl von Einkäufen (zum Beispiel mit einem Wagen) wird dieses Prinzip zum Teil umgekehrt: Der größeren Auswahl und der größeren Bequemlichkeit wegen haben solche Geschäfte die größte Aussicht auf Erfolg, in deren Nachbarschaft sich andere Geschäfte sowohl derselben als auch anderer Sparten befinden, denn so läßt sich bei möglichst großer Auswahl am leichtesten eine größere Zahl von Einkäufen miteinander verbinden. Das Resultat dieser Entwicklung ist die Bildung von Einkaufszentren und ein Rückgang der Bedeutung der einzeln gelegenen Einzelhandelsgeschäfte[44]. Für diese Agglomeration der Einzelhandelsgeschäfte gilt Ähnliches wie bei der Agglomeration der Produktion: Der Nachteil infolge des weiteren Weges bis zum Einkaufszentrum muß durch die Vorteile der größeren Auswahl und der Zeitersparnis bei den Wegen zwischen den einzelnen Geschäften wettgemacht werden[45].

b) *Produktionsvorteile und Marktvorteile*

Bei den Städten als großen Produktionszentren ist zwischen den Produktionsvorteilen und den Marktvorteilen zu unterscheiden. Zu den Produktionsvorteilen durch Agglomeration sind insbesondere auch die Vorzüge von Ballungsräumen zu rechnen, die darin bestehen, daß das Risiko bei der Suche nach qualitativ geeigneten Arbeitern geringer ist als in kleineren Städten. Dieser Vorteil ist abzuwägen gegen die möglicherweise beträchtlich höheren Löhne. Die wichtigsten Agglomerationsvorteile faßt Ch. Tiebout unter den folgenden Titeln zusammen: *scale*

---

[44] Vgl. dazu S. *Harris*, International and Interregional Economics, New York 1957, S. 169.

[45] Hiermit zusammen hängt auch das Wachstum der Vorstädte in den USA; vgl. W. *Stolper*, Strukturwandlungen der amerikanischen Wirtschaft seit dem Kriege, Verwaltungs- und Wirtschaftsakademie Essen, Heft 1, Essen 1956.

economies, production relationships, external economies[46]. Dazu gehört als wichtiger Faktor die immer stärker werdende Verbrauchsorientierung, die zum Teil mit der sinkenden Bedeutung der Rohstoffläger, und zwar durch den relativen Rückgang der Rohstoffinputs (durch Qualitätsverbesserung, Erhöhung des realen *value added*[47] im Vergleich zu den Rohstoffinputs) erklärt werden kann.

In bezug auf die Agglomerationsfaktoren können wir folgendes feststellen: Selbst wenn im Zuge der räumlichen Konzentration sowohl die privaten wie auch die sozialen *Produktions*kosten wieder *steigen* und damit über den (Grenz-)Kosten außerhalb der Agglomerationszentren liegen, drängen die *Marktvorteile* noch weiter in Richtung auf die Konzentration.

c) Die Bedeutung der Nicht-Anwendbarkeit des Marginalprinzips bei der Standortwahl

Von großer Bedeutung für den Grad der räumlichen Konzentration ist die Wirkung folgenden wichtigen Umstandes, der im Anfangsstadium der Entwicklung eines Zeitraums die Agglomeration erschwert, sie aber möglicherweise später begünstigt: Nehmen wir an, die sozialen (Grenz-)Kosten der Errichtung weiterer Betriebe innerhalb eines Ballungsraumes seien zunächst stark fallend, später aber steigend — und diese Grenzkosten lägen zuerst weit unter, später aber über den entsprechenden Durchschnittskosten. Daß sich durch das Hinzukommen neuer Unternehmungen die Kostensituation für alle, auch schon die bestehenden Unternehmungen, verändert, bedeutet praktisch, daß die neuen Unternehmungen nicht ihre sozialen *Grenz*kosten, sondern nur die — niedrigeren — Durchschnittskosten zu tragen haben und sich gleichzeitig die Kostensituation der schon bestehenden Unternehmen verschlechtert. Die Differenz zwischen den marginalen und durchschnittlichen sozialen Kosten wird von den neuen auf die schon bestehenden Unternehmungen abgewälzt.

Zur Erläuterung mag folgendes Beispiel der Verteilung einer gegebenen Anzahl von Beschäftigten und Unternehmungen auf zwei Industriezentren A und B dienen. Ich mache der Einfachheit halber die stark simplifizierenden Annahmen, daß es sich um repräsentative Unternehmungen mit von vornherein *technisch festgelegter optimaler Betriebsgröße* handelt und daß die Gesamtnachfrage nach den Produkten der beiden Industriezentren durch Änderungen der sozialen Kosten nicht

[46] Charles M. *Tiebout*, Location Theory, Empirical Evidence, and Economic Evolution, Regional Science Association, Papers and Proceedings 3: 74—86 (1957), im besonderen S. 84.
[47] Vgl. u. a. S. *Harris*, op. cit., S. 168.

beeinflußt wird. (Diese Vereinfachungen tangieren nicht das eigentliche Problem und könnten später wieder aufgehoben werden).

Die Unternehmungen sollen sich in optimaler Weise auf die beiden Zentren verteilen. Für beide Industriezentren werden anfangs sinkende, später jedoch stark steigende soziale Grenzkosten angenommen (zum Beispiel durch Verkehrsprobleme). Die eigentliche Verlagerung eines Betriebes von A nach B erfordere keine Kosten; es bestehe also vollkommene Mobilität. Weiterhin sei unterstellt, daß das Zentrum A, durch die Zahl der ansässigen Unternehmungen oder die ihnen entsprechende Beschäftigtenzahl gemessen, zu Anfang schon die Größe A_0 besitzt, die marginalen sozialen Kosten dort also schon steigend sind, und die Größe des Zentrums B gleich B_0 ist, so daß dort die marginalen Kosten fallend sind (vgl. Abb. 10; beide Outputmengen sind dort vom Punkt 0 aus gemessen).

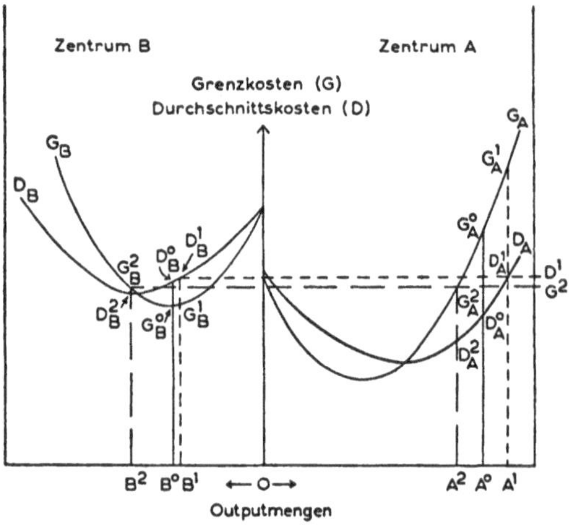

Abb. 10: Kostenfunktionen repräsentativer Unternehmungen zweier Industriezentren.

Bei der Konstellation (A_0B_0) sei eine beträchtliche Zahl von Unternehmen noch nicht auf einen der beiden Standorte festgelegt. Da sich durch die Niederlassung dieser Betriebe in A und B die Produktionsbedingungen für alle schon bestehenden Betriebe ändern und (z. B. bei der Besteuerung, in bezug auf die Frachtsätze und Verkehrsbedingungen usw.) die Kosten für alle *neuen* Betriebe gleich denen der schon vorhandenen Betriebe sind, haben wie in Beziehung auf wichtige externe (positive oder negative) Ersparnisse denselben Fall, wie wenn bei den Entscheidungen über die Niederlassung in A oder B von den sich einstellenden *Durchschnittskosten* ausgegangen würde. Das hat folgende Konsequenz:

Bei Zugrundelegung des Durchschnittskosten-Prinzips ist es für die noch nicht festgelegten Unternehmungen am günstigsten, sich in A niederzulassen, denn dort sind die (durchschnittlichen) sozialen Kosten niedriger als in B. Das Zentrum A wird anwachsen, B sogar absolut verlieren. Wenn die Gesamtzahl der Unternehmungen der Summe von A_1 und B_1 entspricht, dann ist die Verteilung (A_1B_1) unter den gesetzten Bedingungen das Optimum; die Durchschnittskosten D_1^A und D_1^B sind in A_1 und B_1 einander gleich.

Daß es sich jedoch um kein wirkliches ökonomisches Optimum handelt, ersieht man aus einem Vergleich der entsprechenden Grenzkosten G, die in A mit G_1^A wesentlich höher liegen als in B mit G_1^B. Das Optimum unter Zugrundelegung der marginalen Kosten ist erreicht, wenn Zentrum A von A_1 auf A_2, *unter* die anfängliche Größe reduziert wird und Zentrum B von B_1 auf B_2 expandiert, denn in A_2 und B_2 sind die marginalen Kosten G_2^A und G_2^B einander gleich. Die Nicht-Anwendung des Marginalprinzips verhindert in diesem Falle also eine optimale Anpassung der Größe der einzelnen Zentren und der Einzelbetriebe.

Im Interesse der Optimierung der Produktionsbedingungen müßten also an alle Unternehmungen in B Subventionen gezahlt und in A zusätzliche Steuern erhoben werden, die dieselbe Wirkung haben müßten, *wie wenn* sich *alle* Unternehmungen — also auch (im Gegensatz zu der obigen Annahme über die Konstanz der Betriebsgröße) expandierende schon ansässige Unternehmungen — nach ihren marginalen *Sozialkosten* richten würden[48]. Es sei an dieser Stelle darauf hingewiesen, daß die Sozialtarife der Verkehrsträger die genau umgekehrte Wirkung haben; sie bedeuten praktisch eine Subventionierung der bestehenden Agglomerationszentren.

Ein Faktor, der die großen Zentren mit höheren Preisen und Lebenshaltungskosten bei der *Besteuerung* immer benachteiligt, ist dagegen die Steuerprogression. Denn von einem gegebenen *Real*einkommen ist in der Stadt ein höherer Anteil in der Form von Steuern abzuführen als auf dem Land. Ob es sich hierbei um eine wirkliche Benachteiligung handelt, hängt jedoch davon ab, inwieweit die Ausgaben aus den Steuern der Stadt oder dem Lande zugute kommen.

---

[48] Ein Versuch in dieser Richtung wird in Frankreich gemacht dadurch, daß Unternehmungen, die ihren Standort von Paris wegverlegen, von der Regierung finanzielle Vergünstigungen erhalten. Für diesen und den oben im Text folgenden Hinweis danke ich Herrn Professor H. Giersch. Für eine wertvolle kritische Anregung im Zusammenhang mit der Anwendung des Grenzkosten- bzw. Durchschnittskosten-Prinzips bin ich Herrn Diplom-Volkswirt O. Sievert, Saarbrücken, zu Dank verpflichtet.

d) Schlußfolgerungen

Wenn man die eben zur Herausarbeitung eines speziellen Zusammenhangs zugrundegelegte, unrealistische Annahme der vollkommenen Mobilität der Produktionsfaktoren zwischen den Industriezentren aufhebt, kann man folgendes feststellen: Der Bildung von Agglomerationszentren wirken zunächst die historischen Gegebenheiten, insbesondere die Existenz von langfristigen Kapitalanlagen und die ursprüngliche geographische Verteilung der Bevölkerung, sowie der Anstieg der Nahrungsmittelpreise entgegen. Die Produktionskosten-Senkung innerhalb der Industriezentren muß folglich so groß sein, daß diese Nachteile aufgehoben werden. Dies wird zumindest in bezug auf die Nahrungsmittelkosten mit dem Rückgang des Anteils der Nahrungsmittelausgaben am Gesamtkonsum und mit verstärkter Marktorientierung immer leichter. *Soweit* das Entstehen von großen Zentren der Industrieproduktion durch die verstärkte Marktorientierung und die Nicht-Anwendbarkeit des Marginalprinzips zu erklären ist, hat dieser Zug in wenige große Ballungsgebiete vom wirtschaftlichen Standpunkt aus — von den außerökonomischen Gesichtspunkten ganz zu schweigen — den schwerwiegenden Nachteil, daß die Entwicklung von Industrien in anderen Landesteilen häufig erschwert, wenn nicht gar verhindert wird. Die auftretenden Agglomerations*vorteile* würden dort zwar zu einer Produktion mit sinkenden Grenzkosten führen (für zusätzliche Betriebe); da das Niveau der Durchschnittskosten in den schon *bestehenden* Ballungsräumen jedoch niedriger liegt als anderswo, kommen diese anderen Gebiete nicht in den Genuß der Vorteile der sinkenden Grenzkosten[49].

Innerhalb des hier betrachteten Rahmens ist folglich eine geringe interregionale Mobilität der Bevölkerung durchaus positiv zu bewerten. Eine geringe Mobilität — und diese ist im allgemeinen desto schwächer, je weniger industriell entwickelt das Land und damit je stärker noch die traditionellen Bindungen an die Gemeinschaft sind — hat zur Folge, daß die Löhne in den Agrargebieten geringer sind als in den wachsenden industriellen Gebieten. Dies bietet einerseits den Unternehmen in den Agrargebieten zumindest *einen* Kostenvorteil und bedeutet andererseits, daß der zukünftige Abnehmerkreis größer ist als bei dünner Besiedelung auf dem Lande, die als Folge einer vergleichsweise größeren interregionalen Mobilität eingetreten wäre. Die niedrigen Löhne haben also dieselbe Funktion wie im internationalen Raum ein niedriger Wechselkurs[50], der den Ländern mit geringer Produktivität einen

[49] Hinzu kommt noch, daß die Abwanderer-Region die Erziehungskosten für die später Abwandernden zu tragen hat. Vgl. E. *Egner*, Diskussionsbeitrag, loc. cit., S. 142.

[50] *Lösch* spricht schon von der Entsprechung zwischen Lohnsatz und

Lohnkosten-Vorteil garantiert. Die Bedeutung eines niedrigen Lohnniveaus, gekoppelt mit einer relativ geringen Mobilität der *ansässigen* Bevölkerung, zeigt sich in positiver Weise bei der Entwicklung der amerikanischen Südstaaten[51]. Anderseits hat zum Beispiel die mit der politischen Einigung Italiens einhergehende Vergrößerung der Mobilität des Kapitals die Vorteile der Produktion im Süden verringert und die Entwicklung dieses Landesteiles erschwert, da der Süden so in geringerem Maße in den Genuß von Agglomerationsvorteilen gekommen ist.

Die Vorteile der Industrie-Ballungsräume kann man in folgender Weise zusammenfassen. (1) Die (möglicherweise zum Teil durch die Nicht-Anwendbarkeit des Marginalprinzips bedingten) Agglomerationsvorteile der Produktion und (2) die hohe Einkommenselastizität der Nachfrage nach Industrieprodukten begünstigen die Entwicklung der bestehenden Industriezentren[52]. (3) Dieselbe Wirkung hat der tendenzielle Rückgang des Anteils der natürlichen Rohstoffe am Gesamtinput der Fertigwaren. (4) Sowohl national wie international spielt weiter der Demonstrationseffekt bei der Nachfrage der weniger entwickelten Gebiete eine große Rolle, wie vor allem international die Dollarknappheit nach dem Zweiten Weltkrieg vermuten läßt[53].

Dem Schutz von Industriebetrieben in Agrargebieten *innerhalb* eines Landes durch Steuerbegünstigungen und international durch Zoll, durch Mobilitätsbeschränkungen und durch einen möglichst großen Abschluß von der Außenwelt kann man die folgenden drei Funktionen zuschreiben, wobei wir hier die möglicherweise dazutretenden politischen Zielsetzungen vernachlässigen: 1. „Erziehungszollschutz" (als klassisches Schutzzoll-Argument): Ausgleich der Agglomerationsvorteile, unter anderem der Benachteiligung, die darin liegt, daß möglicherweise die sozialen Kosten unter den privaten Kosten liegen, im besonderen der Vorteile der entwickelten Landesteile oder Regionen in bezug auf den bestehenden Kapitalstock und die gesamte Infrastruktur sowie auf die vorhandenen Unternehmerfähigkeiten und den Stamm von Facharbeitern; 2. „Elastizitätsschutz": Wenn infolge geringer Einkommens- und Preiselastizität der Nachfrage nach den erzeugten Agrar-

Wechselkurs. Vgl. dazu A. *Lösch*, op. cit., S. 165 und W. F. *Stolper*, Standorttheorie und Theorie des internationalen Handels, loc. cit., S. 213.

[51] Vgl. S. *Harris*, op. cit., S. 117 ff.

[52] Die Wirkung unterschiedlicher Einkommenselastizitäten bei alternativen Annahmen für die Entwicklung der Produktivität ist unter rigorosen Beschränkungen besonders von H. G. Johnson untersucht worden. Vgl. H. G. *Johnson*, International Trade and Economic Growth, London 1958, insbesondere Kapitel III—V.

[53] Die Überwindung der Dollarknappheit hängt auf der Nachfrageseite teilweise damit zusammen, daß westeuropäische Konsumgüter, Konsumgewohnheiten und Produktionsmethoden langsam einen eigenen weltweiten Demonstrationseffekt entwickelt haben.

gütern und Rohstoffen das monetäre Grenzprodukt im primären Sektor *negativ* ist, entsprechende Bevölkerungsbewegungen jedoch nicht zustande kommen oder als unerwünscht verhindert werden, dann lohnt es sich *immer,* Industrien zu errichten; 3. Abwehr des Demonstrationseffektes im weitesten Sinne des Wortes[54].

Durch Faktorwanderungen, besonders Bevölkerungsbewegungen, kann zwar den Nachteilen der geringen Elastizitäten für die weniger entwickelten Gebiete entgegengewirkt werden, in bezug auf die Agglomerationsvorteile ist jedoch das einzig wirksame Mittel eine geeignete regionale Strukturpolitik (u. a. in bezug auf die Schaffung der notwendigen Infrastruktur) bzw. die Errichtung der vom Standpunkt der privaten *und* sozialen Kosten effizientesten Industrien.

III. Die regionale Einkommensverteilung

Zum Schluß dieses Abschnittes ist noch kurz auf die resultierende regionale Einkommensverteilung bzw. Lohnstruktur einzugehen. H. Giersch hat in seinem Vortrag „Probleme der regionalen Einkommensverteilung[55]" darauf hingewiesen, daß bei regionalen Einkommensvergleichen zum Teil unvergleichbare Größen zueinander in Beziehung gesetzt werden: a) verschiedene Industrien, b) verschiedene Arbeitsqualitäten bzw. eine unterschiedliche Zusammensetzung der Bevölkerung in bezug auf Erwerbstätige, Rentner, etc., c) verschiedene Einkommensarten bei einer ungleichmäßigen regionalen Vermögensverteilung. Für die wichtigsten Faktoren dieser Art kann auf das Referat von H. Giersch und die dort zitierten Quellen verwiesen werden.

H. Giersch analysiert die unter Ausschaltung dieser Faktoren wichtigsten Gründe für eine regionale Einkommensdifferenzierung und nennt dabei ausführlich die Unterschiede (i) in den *Lebenshaltungskosten* (einschließlich der Selbstversorgungsmöglichkeiten) und (ii) in den außerökonomischen Gründen für Verschiedenheiten im Arbeitsangebot (hauptsächlich soziologischen und teilweise klimatischen Faktoren) und (iii) die in verschieden hoher Nachfrage nach Arbeitskräften liegenden Gründe.

Ich möchte hier lediglich den Akzent in stärkerem Maße auf die Unterscheidung zwischen statischen und dynamischen Faktoren setzen. (a) In einem statistischen Gleichgewicht sprechen in erster Linie folgende Fakto-

---

[54] Dieser Punkt hat zum Beispiel bei der Industrialisierung Japans und der UdSSR, aber auch bei der Dollardiskriminierung beim Wiederaufbau und Ausbau der Industrien Westeuropas nach dem Zweiten Weltkrieg eine Rolle gespielt.

[55] H. *Giersch,* Probleme der regionalen Einkommensverteilung, in Schriften des Vereins für Sozialpolitik, Neue Folge Bd. 14, Probleme des räumlichen Gleichgewichts in der Wirtschaftswissenschaft, Berlin 1959.

ren dafür, daß die Lebenshaltungskosten und damit die Nominallöhne mit wachsender Größe des betrachteten Ortes ansteigen. In größeren Städten ist mit höheren Mieten auf Grund höherer Bodenpreise und höherer Ausgaben für Verkehrsleistungen zu rechnen; bei den Nahrungsmitteln sind die Preise *möglicherweise* für *unverarbeitete* einheimische Produkte, nicht aber notwendigerweise die Preise verarbeiteter oder importierter Nahrungsmittel höher. Umgekehrt ist bei industriellen Fertigwaren der Preis auch nicht notwendigerweise niedriger: Für *niedrigere* Preise in den Großstädten sprechen externe Ersparnisse bei der Verteilung in der Großstadt, *dagegen* sprechen die niedrigeren Mieten in kleineren Städten und auf dem Lande. Worauf es ankommt, das sind jeweils die Transportkostendifferenzen im Vergleich zu den Differenzen in den Distributionskosten; dazu kommen noch die Wirkungen von nicht kostenbedingten Preisdifferenzierungen.

(b) Genau so wichtig wie die genannten sind jedoch die dynamischen Faktoren. Bei schnellerem Wachstum der Großstädte müssen die Löhne dort höher sein, um die notwendigen Bevölkerungsbewegungen zu induzieren. Je stärker die Mobilität, desto geringer sind die Lohnunterschiede. Bei verschieden hohen Geburtenziffern sind diese Ergebnisse entsprechend zu modifizieren.

Sowohl die statische als auch die dynamische Betrachtungsweise führen also zu einer Bestätigung der These von Giersch, daß in zentralen Orten höherer Ordnung die Löhne höher sind als in Orten niedrigerer Ordnung. Als zweitwichtigsten Faktor sollte man jedoch die Wachstumsrate der einzelnen Orte mit in die Analyse einbeziehen. Man kann hierdurch einen Teil der Abweichungen von den erwarteten Einkommenswerten erklären — wobei natürlich außerdem die Strukturunterschiede zu berücksichtigen sind. Eine oberflächliche Betrachtung auch der von Stolper in seinem Aufsatz über „Standorttheorie und internationalem Handel[56]" angegebenen Zahlen über Ortsgröße und Lohnhöhe bestätigt dies[57]. Auch hierbei zeigt sich also, wie wichtig eine Integration der Standorttheorie nicht nur mit der allgemeinen Theorie, sondern auch — vor allem bei der Behandlung praktischer Probleme — mit der Wachstumstheorie ist.

---

[56] W. F. *Stolper*, op. cit., S. 214—15.

[57] Um nur ein Beispiel zu geben: Aufgrund der viel höheren Wachstumsrate sind die Löhne in Los Angeles weit höher als in Philadelphia.